好书精读
Master
15′

商业新闻出版公司和轻松读文化事业有限公司提供内容支持

企业走向巅峰的基石

轻松读大师项目部　编

中国盲文出版社

图书在版编目（CIP）数据

企业走向巅峰的基石：大字版/轻松读大师项目部编．—北京：中国盲文出版社，2018.3

ISBN 978－7－5002－8291－4

Ⅰ.①企…　Ⅱ.①轻…　Ⅲ.①企业管理　Ⅳ.①F272

中国版本图书馆CIP数据核字（2018）第021842号

本书由轻松读文化事业有限公司授权出版

企业走向巅峰的基石

编　　者：轻松读大师项目部
出版发行：中国盲文出版社
社　　址：北京市西城区太平街甲6号
邮政编码：100050
印　　刷：北京新华印刷有限公司
经　　销：新华书店
开　　本：787×1092　1/16
字　　数：73千字
印　　张：12
版　　次：2018年3月第1版　2018年3月第1次印刷
书　　号：ISBN 978－7－5002－8291－4/F·186
定　　价：40.00元
销售热线：（010）83190297　83190289　83190292

出版前言

数字文明为我们求知问道、拓展格局带来空前便利，同时也使我们深受信息过剩、知识爆炸的困扰。面对海量信息，闭目塞听、望洋兴叹固非良策，不分主次、照单全收更无可能。时代快速变化，竞争不断升级，要想克服本领恐慌，防止无知而盲、少知而迷，需尽可能将主流社会的最新智力成果内化于心、外化于行，如此才能更好地顺应时代，提高成功概率。为使读者精准快速地把握分散在万千书卷中的新理念、新策略、新创意、新方法，我们组织编写了这套《好书精读丛书》。

这套书旨在帮助读者提高阅读质量和效率。我们依托海内外相关知识服务机构十多年的持续积累，博观约取，从经济管理、创业创新、投资理财、营销创意、人际沟通、名企分析等方面选取数百种与时俱进又经世致用的好书分类整合，凝练出版。它们或传播现代经管新知，或讲授实用营销技巧，或聚焦创新创业，或分析成功者要素组合，真知云集，灼见荟萃。期待这些凝聚着当代经济社会管理创新创意亮点的好书，能为提升您的学识见解和能力建设提供优质有效便捷的阅读资源。

聚焦对最新知识的深度加工和闪光点提炼是这套书的突出特点。每本书集中解读4种主题相关的代表性好书，以“要点整理”“5分钟摘要”“主题看板”“关键词解读”“轻松读大师”等栏目精炼呈现各书核心观点，崇真尚实，化繁为简，您可利用各种碎片化时间在赏心悦目中取其精髓。常读常新，明辨笃行，您一定会悟得更深更透，做得更好更快。

好书不厌百回读，熟读深思子自知。作为精准知识服务的一次尝试，我们期待能帮您开启高效率的阅读。让我们一起成长和超越！

目 录

吉姆·柯林斯把企业衰败过程归纳为5个阶段：因成功而傲慢、好大喜功、无视风险、病急乱投医、束手投降。对于想预防甚至反转颓势的企业管理者而言，这5个阶段可以帮助他们发现自身的问题并针对这些问题找出解决的办法，从而避免企业破产。

好领导作出坏决策的原因很多，但避免作出坏决策的方法也很多。领导者要想降低作出坏决策的概率，就要在作决策之前厘清个人的行为偏好、思维模式等对决策的影响，并扩大决策的讨论范围、参考依据，提高其他人在决策过程中的话语权。

在巨大的经营压力下，许多企业管理者都会迷信某个让企业长盛不衰的“神奇偏方”，或者直接采用其他成功企业的“最佳做法”，但这两种方法常常使企业陷入困境。研究表明，若想让企业走向巅峰，管理者必须用证据作管理，即所有的决策都必须以事实为依据，而不是以自己的或他人的经验为依据。

企业家都想让自己的企业顺利地走向巅峰，不仅能超越竞争对手，而且还能不受经济环境的影响。贾森·詹宁斯以 9 家分属不同行业、连续 10 年营收增长超过 10％的绩优企业为例，阐释了一个简单的道理：小动作也可以开创恢宏的大格局。

小心，基业正在崩垮

How the Mighty Fall And Why Some Companies Never Give In

原著作者简介

吉姆·柯林斯（Jim Collins），毕业于斯坦福大学，并拥有科罗拉多大学和克莱尔蒙特研究生大学荣誉博士学位，曾创办企管研究室，进行相关研究，其研究成果记录于《基业长青》《从A到A+》等4本书之中。

本文编译：王约

主要内容

主题看板

基业是如何崩垮的

1955年，《财富》杂志首次发布美国500强企业排名榜单，通用汽车公司高居榜首。2009年6月，通用汽车公司在金融风暴重击下宣布破产。我们该感到惊异的，是一家企业的衰败之快让人难以想象，还是管理团队对企业的逐渐衰败毫无警觉？

从帝国到企业，所有伟大的体制都可能从巅峰滑落，从不可一世沦为一蹶不振。然而体制的衰败有如疾病：初期难以察觉但是容易治疗，后期容易察觉但是难以治疗。企业也是如此，可能外表看来毫无异样，然而内部已经问题丛生，正一步一步走向衰败。

吉姆·柯林斯将企业衰败过程归纳为5个阶段：因成功而傲慢、好大喜功、无视风险、病急乱投医、束手投降。对于想预防甚至反转颓势的领导者来说，了解这5个阶段是必修课题，因为就学习效果而言，了解曾经成功的企业的衰败过程远高于复制它们的成功方程式。

美利坚百货和沃尔玛是两家规模、定位相仿的企业，在1974～1985年，这两家企业的股价走势几乎一致，但是到了1986年，二者的命运开始有了不同，沃尔玛股价一飞冲天，2000年后稳坐《财富》500强企业前3名，美利坚百货却开始一蹶不振，在2002年宣布破产。美利坚百货正是因为时任首席执行官流露出成功者的傲慢，开始贪得无厌地追求成长，从而与专注核心事业的沃尔玛渐行渐远。比起了解“沃尔玛为何成功”，了解“美利坚为何失败”可能更有寻找答案的价值。虽然由盛转衰看似是不可违背的自然定律，但就像癌症一样，只要及早发现、及早治疗，在进入第五阶段的癌症末期前，都还有起死回生的机会。

在成功之际，人们往往会忽略许多盲点，通过了解一些企业的衰败过程，可以帮助人们找出问题的症结所在，并且针对这些问题寻求解决的方法。

1. 飞轮

《变形金刚》里的博派医官“飞轮”是个值得信赖的伙伴，而读过柯林斯作品的人一定对这个词更加熟悉，因为飞轮也是企业从A到A+的主要观念。一家企业从优秀到卓越的关键是飞轮，而一家企业从不可一世变得一蹶不振，重点也在飞轮。从优秀到卓越的转变过程并非一蹴而就，而是要依靠有原则的人以及他们的思考和行动来逐渐完成，转变的过程好像不停息地推着巨轮朝一个方向前进，累积的动能越来越大，巨轮也越滚越快，最终能在某个转捩点有所突破，一飞冲天，形成企业成长的飞轮。

2. 命运环路

与飞轮转动相反的现象，柯林斯称之为“命

运环路”。相对于从优秀到卓越的飞轮转动模式，有的企业却试图略过厚植实力的阶段，直接跳到突破性的成长阶段，其策略反复不明，无法坚持一致的方向。

例如，凯马特在 20 世纪 80 年代到 90 年代初期一心致力于多元化，由折扣销售转为收购一些连锁店和书店的股份。但在 90 年代，新的管理团队却又卖掉了这些商店，决定通过大力投资信息技术行业重塑凯马特的供应链。前首席执行官康纳威上台后，为了击败沃尔玛发起了一场价格战，使凯马特失去了竞争优势。

企业转型的过程绝非一蹴而就，需有足够的耐性和原则，就像推动巨大笨重的飞轮，刚开始得费力推动，之后只要朝着一致的方向不断往前行进，最终会有所突破。

3. 怎么才能知道衰败来了

2004 年秋天，柯林斯受邀到西点军校主持一场研讨会，学员都是各界的卓越人士，包括 12

位美国陆军将军、12 位首席执行官，还有 12 位社会福利团体领导者。

柯林斯几经思考之后，提出了一个问题：美国是正处于复苏的阶段，还是正处于从 A＋跌到 A 的危险边缘？这个问题引发了激烈的辩论，有一半参与者认为美国会永远强盛，而另一半则认为美国正在衰败的边缘摇摆。

中午休息时，其中一位首席执行官把柯林斯拉到一旁，对他说："我整个上午一直在思考你的问题，并且套到我们公司的状况上去想。我们公司近几年获得了极大的成功，这让我非常忧虑。我想问的是：要怎么知道？"

柯林斯不解地问："你要知道什么？"

对方回答："当你站在世界顶端，当你是全世界最强盛的国家、是业界最成功的企业、是某个领域里表现最杰出的人，你所拥有的力量和成功，很可能会掩盖了你已经迈向衰败的事实。"

这个问题启发了柯林斯。

在这场研讨会的同一时期，柯林斯所主持的研究室也已经在讨论，卓越企业有没有可能走入历史？这个怀疑，一部分原因就是，当初列入《从A到A+》和《基业长青》之中的高成就企业，许多正逐渐失去其市场主导地位。

这个状况引起了柯林斯的好奇：卓越的企业为什么会垮台？有没有可能事先察觉衰败并扭转颓势？甚至，有没有可能打预防针？

许多著作都在讨论事业如何达到卓越的境地，而另一个更重要的问题则是，在卓越之后，如何面对变化和风险，如何保持卓越？

5分钟摘要

企业衰败的 5 个阶段

为什么有时原本成功的企业会一蹶不振？近来金融市场的动荡，再次表明不论一个企业此时或过去有多么卓越，都不一定能永远保持强盛。任何企业都可能会衰败，而且大多数迟早都会。你想要避开这种衰败的状况，就要注意到早期警讯，趁着还有时间和资源可用时，赶紧改弦易辙。

企业走向衰败往往有以下 5 个阶段。

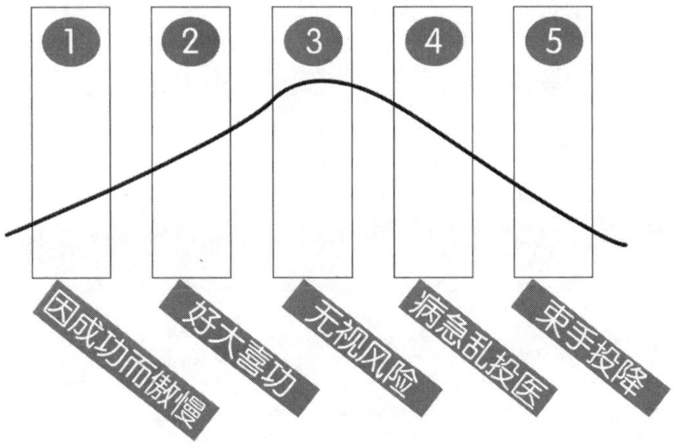

如果你意识到企业往往会按照这种顺序经历衰败的5个阶段，并注意到目前你的企业里正显现的种种蛛丝马迹，就能及早踩刹车，并改弦易辙。最重要的是，你就可以避免自己造成企业的衰败。

关键思维

无论你胜出或失败、存活或消逝，原因往往是你自己造成的，而不是外界造成的。

——吉姆·柯林斯

轻松读大师

一　因成功而傲慢

当企业快速成长的时候，企业领导者可能会陶醉在自己的成功里。一段时间之后，领导者会逐渐相信自己的公关形象，并与顾客渐行渐远。当企业领导者忽略了当初带来成功的因素，尤其是忽略了时运的因素时，自大的情绪就会渐渐滋长。

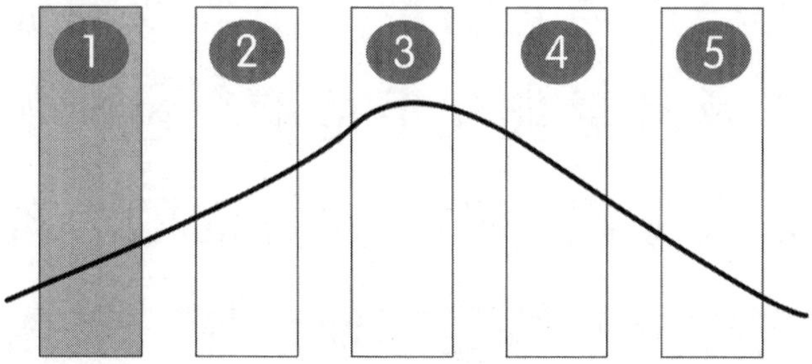

成功的企业领导者难免会变得自大，即使成功带有很高的运气成分也是一样。只要企业领导者变得自大，就会落入以下循环。

1. 你打造出非常成功的产品，赚到了可观的利润
2. 你对自家产品不再感兴趣，开始另寻其他更迷人的商机
3. 你将创造力转投到新产品上，而不去改良现有产品
4. 你的新产品彻底失败，或者花了比预期更长的时间才上市
5. 你回头去经营既有产品，却发现你的公司正在遭受强有力的竞争对手的威胁

值得注意的是，你既有的产品之所以能成功，很可能是因为它满足了顾客或商业的某种基本需求，而这种需求几乎是不会过时的。你能够脱颖而出，大概因为你在这方面的表现是世界第一，可是当你分心涉足其他领域，就给了全力满足这项基本需求的新竞争对手可乘之机。一般而言，要持续专注于改良和发展现有核心事业，向来不容易做到。吊诡的是，成长的最佳契机，大多数都存在于核心事业之中。

如果一方面想要持续投资目前赖以成功的领域，另一方面又担心未来发展，想找出目前理应投资的领域以备不时之需，那么在两者之间产生某种拉锯是非常自然的事情。要克服这种内心的拉扯，你必须时常问自己两个很直接的问题。

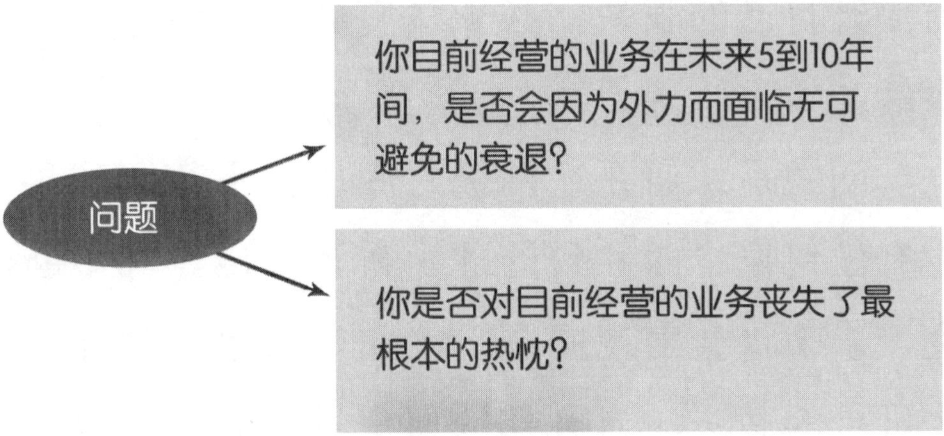

只要你对上述问题的答案都是否定的，就应该带着更高的热情，继续经营现有的产品线。但你必须设法持续用有创意的方式改进产品，以应对你的竞争对手。你要在原本的业务之中，找出各种可以改进的方法。

如果想要长期保持成功状态，你必须在两个极端之间找到适当的平衡点。

◎一方面，你必须在你所经营的领域中，力求长久的卓越表现；必须保持成功的基本驱动力。

◎另一方面，你必须不断地找出自己的产品能做哪些有创意的改良与修正；必须持续竭尽全力提升自己的表现；必须具有独特的创意并推陈出新。

问题是如何在这两极之间取得平衡。如果你没有任何根本而一致的理由作为基础，却不断改变，未来将会出现问题。然而，如果你坚守着过去可行的做法，当有趣的新市场兴起时，也会面临与其擦身而过的风险。

杰出的企业领导者一向非常好奇，他们会不断问“为什么”，而且不会自以为已经知道答案。这是很明智的做法，如果你仿效他们，就不至于对自己的经营模式太过坚持。

检查表

有没有觉得自己可能变得傲慢了？详阅以下

检查表，看看你的傲慢程度。

◎你是否认为企业的成功是“天经地义”而不是“运气好”？

◎你是否认为不论未来决定要做什么或不做什么，公司都能维持繁荣？

◎你是否忽略了最初带来成功的产品，或者依然带着与以往相同的热情去经营这个产品？

◎你是否已经开始大谈“成功之果”，而不是持续寻求“成功之道”？

◎企业内部是否仍然保持学习热度？

◎你是否无意间忽略了运气所扮演的角色？也就是说，你是否认为目前的成就完全来自公司和领导阶层的卓越表现，而不是因为时运？

二 好大喜功

企业获得一时的成功之后，领导者自然想要追求更大的规模、更高的利润、更多的营收。这没什么不对，可是这样的追求却常常没有节制，导致企业开始过分向自身其实并无竞争优势的领域投资。

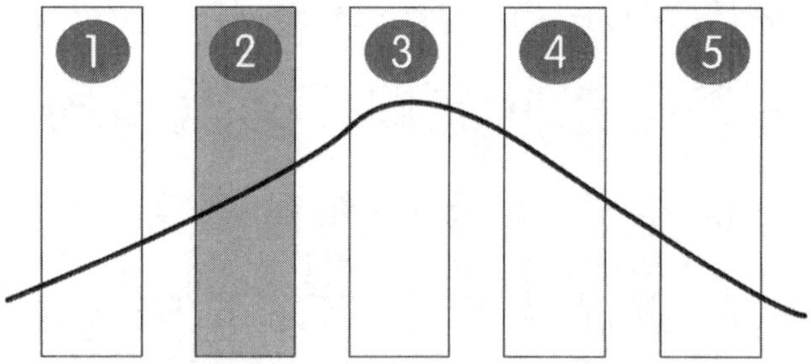

在讨论经营失败的原因时，企业领导者志得意满的心态往往成为众矢之的。观察家常常将原本成功的企业后来失败的原因归咎于其领导者太过志得意满，不再进行变革或创新。然而，大多数原因并非如此。企业经营失败常常是因为领导者在某个领域成功，因而变得过度自信，盲目开发新产品、新市场和新科技。

许多企业把“实现巨幅成长”设定为优先的经营目标。这些企业不仅没有遵守“少承诺、多实践”的正确经营之道，反而轻率承诺。这样一来，这些企业就必须有突破性的成果，才能实现这些极具挑战性的财务目标，而这永远是一场豪赌。追求成长这件事本身是好的，可是当这样的追求变成了毫无节制的沉迷，后果就会变得一发不可收拾了。

当企业为追求成长不惜牺牲其他经营目标时，会发生以下情形。

◎企业采取投机行为，涉足不符合企业核心价值或员工兴趣的行业。很多时候，因为这些不同于过去的经营活动既新鲜又有趣，其受重视程度还会高于该公司的核心业务。

◎帕卡德定律通常会应验。帕卡德定律：企业要成长，它的营收增长速度就不能一直高于延揽精英人才的速度。我们常常可以见到这个现象：额外的新创业务导致企业内适合自己职务的人数逐渐减少。

◎成本控制松散。企业管理者不积极降低成本，反而持续抬高价格。他们以为消费需求会一直保持强劲，因而忽视了对供应链中任何非必要成本的控制。

◎企业内官僚作风盛行。各种官僚的规定会纷纷出笼，使得员工无法再像过去一样依照自己的创业直觉自由行事。表现平平的员工开始思考如何保住饭碗，而不把重点放在自己可以承担的责任或顾客的需求之上。

◎权力的传承出问题。当“权倾天下”又魅力十足的领导者长时间“在位”而没有明确的接班规划时，企业就会出现领导真空状态。在这种情况下，企业常常会出现以下问题：接班人选另谋高就；现任者留下来担任看守的角色；董事会产生嫌隙；类似君主制的家族影响力开始介入；有人想要拉下新的领导者。

◎领导者将个人利益置于企业最佳利益之上。他们会实施短期激励方案，其目的是要让个人能尽量多分得成功的好处。这些短期利益，牺牲了企业未来达到卓越的机会。

检查表

你是否好大喜功到了毫无节制的地步？请思考下列问题。

◎你是否将“规模”和“卓越”混为一谈，因此一直在追求更快的成长？

◎你的公司是否为了追求更快的成长，而大幅调整一直以来的经营方式？

◎你公司的高层管理者当中，有多少人称得上卓越？

◎你是否会抬高价格来应对节节升高的成本，而不是加强财务控制？

◎你的员工是否多半想的是“饭碗”而不是“责任”？

◎你是否已经针对高层管理团队，制订了实际可行的接班计划？

◎你的企业领导者是否将个人利益放在企业利益之前？

关键思维

卓越的领导者确实会追求快速成长，例如绩效的成长、独特影响力的成长、创意的成长、人才的成长，可是他们不会被可能侵蚀长远价值的成长所引诱，而且他们也绝对不会把成长和卓越混为一谈。

——吉姆·柯林斯

创新可以带动成长，可是狂热的创新，也就是使卓越策略不再牢不可破的成长，同样会轻易地使企业循着衰败的轨迹一路下滑。

——吉姆·柯林斯

你的企业内最重要的职位是哪些？在那些职位上的人适任的比例有多高？你打算如何提升这个比例？万一适任的人才离开重要岗位，你有什么备案？

——吉姆·柯林斯

三　无视风险

当企业的营收增长开始趋缓时，企业领导者的辩解便会纷纷跳出：效益不佳只是一时失常。一些领导者可能会冒着风险应对效益下滑，并采取无视风险后果的行动。

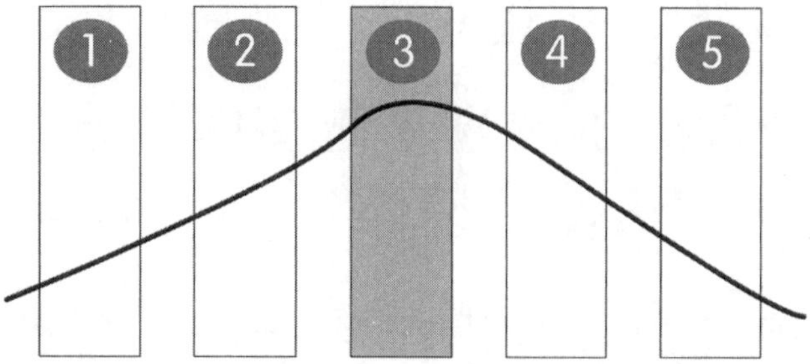

在第三阶段，前面两个阶段的累积效应会慢慢浮现。企业处于第一阶段时，傲慢会让领导者觉得自己几乎无坚不摧，因此有办法征服任何目标行业。这使企业很容易在第二阶段过分向其他领域投资，朝不同的方向发展。进入第三阶段时，企业经理人常常孤注一掷，冒险投入巨资研发新产品，并认为新产品将会大受市场欢迎，让公司重拾往日荣耀。问题是，这些对前途的豪赌常常都没有好结果。

不可否认，卓越企业一直都在豪赌。这里的问题是，经理人所下的赌注，万一结果不如预期，企业是输不起的。更严重的是，这些赌局本身甚至可能不是要不要推出新产品这般重大的决定。

企业领导者会逐渐发觉自己步入了第三阶段。第三阶段会出现越来越多的警讯，表明企业不大对劲。在任何行业里都有许多指标可供参考，有时很难辨别其中哪些重要，哪些不过是杂音。然而到了某个时间点，就可以明显看出企业并没有如预期般维持上升的趋势。第三阶段的要务，就是企业该如何应对这冷酷、难以接受的现实。

在第三阶段，企业领导阶层几乎会无可避免地将日益显现的残酷现实归咎于不可抗的外部因素，不但不正视，反而常常试图通过调整产品来脱困。等到明显看出行不通，领导者可能还会决定涉足新市场。如果该公司本身累积了某些经验，这样做或许是明智的。但如果这么重大的经营方向的调整，只是因为企业领导者一时兴起的念头或是个人的喜好，那么这场豪赌可能真的会将公司推入第四阶段。

当公司业绩蒸蒸日上时，企业管理者和普通员工往往会有下列行为。

◎员工会向管理层提出翔实的资料和真实的数据，而不担心他们会“射杀传话者”。

◎管理团队的成员根据资料、逻辑和证据进行讨论。

◎企业管理者提出许多问题并寻求各方见解。

◎一旦作出决策，大家会上下一心，努力让决策成功。

◎管理团队的成员都会将决策和执行的整体

成果归功于其他人。

◎企业管理层鼓励员工激烈辩论，并从惨痛的经验中发掘有用的教训。

◎管理团队的成员都会为错误负起责任，并努力从错误中吸取教训。

当企业一路下滑时，企业管理层往往会出现以下行为。

◎团队成员会因为害怕受到谴责，不让当权者接触到残酷的现实。

◎团队成员各执己见，却无凭无据。

◎领导者往往会变得更为专断，即便决策理由不充分或是出于没有根据的个人意见，还是依然如故。

◎每个人在有功时就想办法往自己身上揽，在有过时就想办法往别人身上推。

◎讨论主要是为了要让自己显得聪明，而不是要找出最佳解决方案。

◎任何失败都会被层层检视，目的是要找出

代罪羔羊。

检查表

从以下征兆可以看出，你是不是在冒不必要的风险？

◎你有没有夸大正面的资料，却漠视负面的资料，认为那只是例外状况？

◎你是否依据不明确的资料，致使企业出现了极高的衰败风险？

◎在你的管理团队之中，对话和辩论有没有明显减少？

◎团队成员是不是都把过错推给别人，不肯承担责任？

◎你的企业是否一直都在重整，使员工都忙着相互角力，而不是关心市场？

四　病急乱投医

到了企业急遽衰败的时候，大家都能看出有问题了。领导者通常会试图回归基本面，重新采取以往缔造卓越的方法，可惜的是，这些大幅调整的方案虽然立意甚佳，但通常都徒劳无功。

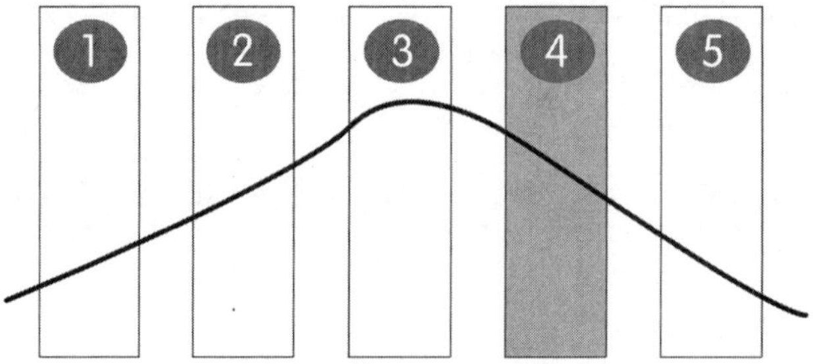

处于第四阶段的企业充满明显的恐慌感，企业领导者会拼命找寻让公司营收回升的法宝。第四阶段的企业可能会采取以下行动。

◎在某种尚未经市场验证的科技上押高额赌注。

◎采取尚未测试过的经营策略。

◎试图加快重大新产品上市的速度。

◎并购有可能扭转局势的企业。

◎进行全面的形象转型。

◎聘请企业外的明星担任首席执行官。

◎聘用顾问协助公司拟定反败为胜的策略。

◎尝试取得投资或提出收购方案。

在第四阶段，企业常常会推出一个又一个应急的构想，希望借此实现根本的转变或转型。

第四阶段一般会出现以下问题。

◎企业贸然进入不确定的市场，或进入以新科技为主导的新兴市场。

◎企业领导者听信各种可以产生“综效”的宣传语言，试图大规模并购。

◎企业领导者采取不顾后果的行动，结果耗尽现金并损害财务安全。

◎企业管理层采取激烈的变革方案，导致意料之外的后果，削弱了公司以往的核心优势和核心能力。

◎企业管理层大力宣传更光明的前景，希望员工不要过于探究窘困的现状。

◎领导者不断进行企业结构重整，而且重整范围广泛。

◎企业领导者四处寻找愿意进公司服务、能让公司转败为胜的新领导者。

虽然此时企业已经陷入困境，但以下 7 种方法依然可以扭转企业在此阶段的衰败。

◎企业要根据实际情况进行策略变革，而不是凭直觉或假设。

◎企业领导者唯有经过深思熟虑，确认可以强化优势，再进行策略性并购。

◎企业决策的形成是根据事实，并有益于企业长远发展。

◎企业领导者要厘清哪些业务是核心能力，哪些业务必须进行变革。

◎企业领导者要专注在实质的成果上，并从中清楚地看出公司未来应该发展的新方向。

◎企业领导者作出适当决策后要严格执行。

◎企业要寻找品行良好的人担任高层主管。从公司内部选取表现优异的人担任高层主管则更有利于企业的发展。

检查表

你的公司是否陷入了病急乱投医的泥淖？以下 8 个问题，可以看出你是否陷入了这种状况。

◎你是否正在进行某种会改变局势的剧烈变革，而不是在已经表现不错的领域继续发展？

◎你的公司是否正打算聘请鼎鼎有名的人来担任首席执行官？

◎你是否快速而仓促地作决策，而不是冷静而谨慎地分析事实？

◎你是否打算用大肆夸耀和宣传来推动大变革？

◎你的公司是否经常承诺多但实践少？

◎你的员工是不是都对目前的状况感到困惑，因此越来越悲观？

◎最近你是否进行了多次重整，可是公司的财务状况却几乎没有受影响？

◎你的决策是不是越来越受制于环境，而不是靠经营能力来决定？

五　束手投降

当企业接近生命周期的终点时，企业领导者不得不放弃一切可以构建“更光明未来”的希望。企业领导者不得不把公司转手，或者不得不让企业沦为市场上的小配角。这时企业的财务优势和领导者的个人志气都会消磨殆尽。

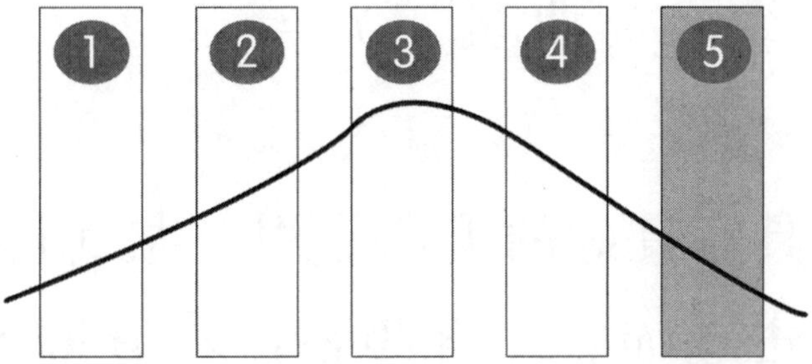

如果现金耗完了，企业可能会破产——这听起来可能很让人吃惊。理由很简单，所有公司都得拿现金去支付账款。如果每个人都在为公司的营收奔忙，而忽视了现金需求，那么企业就会面临迫在眉睫的破产风险。

第五阶段正是企业快速衰败的时期，其主要表现有以下 4 个方面。

◎企业经营不顺，接二连三遭受失败的打击。

◎企业为求脱困，常常会采取不顾后果的做法，但每一次都只是在消耗剩余的资源，并使问题雪上加霜。

◎当现金吃紧时，企业员工会逐渐失去希望，最后都变得忧郁、悲观。

◎最终，企业员工放弃反击，纷纷另谋高就。

市场具有良好的平衡作用，尤其是对整个社会和资本市场而言。有些企业不值得永远存在，最好在某个时间点失败，而不是继续损害股东的利益。

什么时候应该束手投降，不再去挽回颓势？这个问题很难回答，因为两者都有太多变数。如何选择大概要看你对下面这个简单问题的直觉回答：如果我们不复存在，会损失什么，或者世界会变得多糟？

切记，经营企业的重点不只是求生存而已，更要在世上留名。如果你根据坚实的核心价值制订了明确的目标，那么最好的做法或许就是继续奋斗，挽救衰败的劣势，再次努力登上高峰；如果激励你前进的理由是某个伟大理想，而不只是为了生存，那么继续奋斗应该就是对的。

然而要注意的是，仅仅抱着希望是不够的，你必须拥有足以挽回颓势的必要资源，否则复苏会变得越来越遥不可及。

下面以增你智公司的衰败为例，阐明企业如何变得别无选择，不得不束手投降。

◎增你智公司在 20 世纪前半叶达到卓越的高峰。1945 年，该公司已经是收音机与电视机制造业的翘楚。

◎增你智公司在电视行业萌芽时期就开始生产电视机，并成为黑白电视机的第一大生产商。

如果在1950年投资1美元购买增你智公司的股票，到1965年其市值为100美元。

◎当日本电视机进入市场时，增你智公司傲慢地不把对方视为威胁，此时，该公司不知不觉地步入了第一阶段。

◎增你智公司在20世纪60年代末期到70年代初期步入第二阶段，当时该公司已经成为彩色电视机的第一大生产商。此后，增你智公司大幅举债（资本负债率为100%）以扩充产能，同时公司也面临着权力传承的问题。

◎当消费需求因为石油危机等因素而疲软时，增你智公司进入了第三阶段。背负着巨额债务以及大量的未使用产能，增你智公司尝试降低售价。此举不仅没有刺激需求，反而拉低了公司的获利能力。

◎到了20世纪70年代末期，增你智公司落入第四阶段。该公司企图涉足录像机、影音光碟、居家安全监视器、有线电视解码器、电话机，甚至是个人电脑等领域。为了筹措资金进行这些产品的研发，增你智公司加大举债幅度，资本负债率曾一度高达140％。

◎增你智的笔记本电脑其实销售得不错，一度有机会在新兴的笔记本电脑市场居于领导地位，领先戴尔和康柏两家大公司。然而，增你智公司并没有尝试转型成为卓越的电脑公司，反而卖掉了电脑部门，回归到电视机的生产。到了这个阶段，增你智公司已经负债5亿美元，而且现金储备持续萎缩。

◎在10年间换了5任首席执行官之后，增你智公司步入破产之途，最后完成破产程序时，剩下大约400名员工，比起1988年3.6万名员工的规模少了98％。

关键思维

大胆的目标会激发进步，可是没有经验证据的支持，或是不顾如山铁证的豪赌，若没有非比寻常的好运，只会让公司一败涂地。

——吉姆·柯林斯

第四阶段的病急乱投医，或可带来短暂的改善，可是结果却难以为继，希望一个接着一个落空。困在第四阶段的企业，会尝试各种各样的新方案、新潮流、新策略、新愿景、新文化、新价值观、新突破、新的并购和新的救星。当一个法宝失败了，他们就会去试另外一个新法宝。平庸的特征并非是拒绝改变，而是习惯心猿意马。

——吉姆·柯林斯

六　解决之道

越是了解卓越表现是如何丧失的，就越能避免重蹈覆辙。仅仅是因为你犯了错而陷入衰败期，并不表明你的企业注定不保。因此，你要振作起来重建一个卓越的企业。

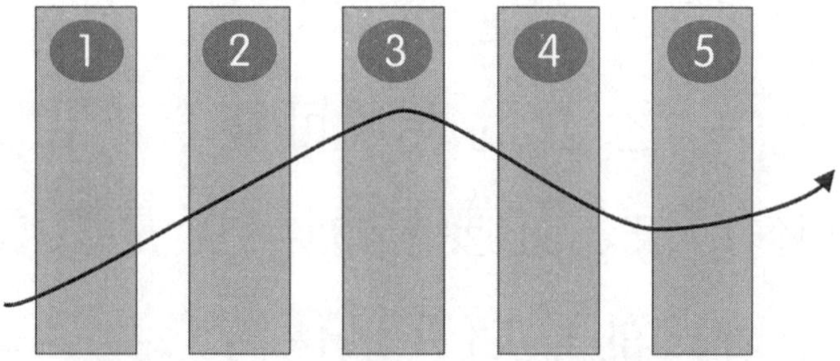

20 世纪的经济学家熊彼得以“创造性破坏的永恒风暴”这一理论著称，他认为，一个新的经济秩序一直在不断地建构，而最终会胜过并淘汰现存的企业。毫无疑问，高瞻远瞩的企业家一直都在辛勤耕耘，但并不是所有现存企业必定会走到无可避免的失败境地。

卓越企业一般都有办法做到永续经营，它们可能偶尔会辛苦挣扎，甚至经常遭受挫折，可是这些挫折不仅没有导致卓越企业衰亡，反而成为它们的垫脚石。卓越企业遇到挫折后，一般先努力实现复苏，然后再由此重新出发，推动企业迈向未来。

事实上，对于那些卓越的企业来说，剧烈震荡正是绝佳契机。不可否认，在震荡的时局中，企业可能会以惊人的速度经历第一到第五阶段。在震荡局势中，企业的衰败可能会比在稳定的商业环境中还要快、还要剧烈，可是只要你实力强、对每个阶段的早期警讯保持警觉，就不会因为无法控制的力量而一败涂地。

以下两家企业在成功复苏之前，都曾陷入过衰败的泥淖。

1. 国际商业机器公司（IBM）

IBM 是 20 世纪最值得敬佩、最成功的企业之一。如果在 1926 年投资 1000 美元购买 IBM

股票，到了1972年其市价就高达500万美元。然而到了20世纪80年代中期，IBM开始持续走下坡路，从1991年到1993年亏损了150亿美元。1993年，路易斯·郭士纳临危受命接掌IBM，担任首席执行官。从此他踏上了征战之途——帮助IBM再度成为卓越企业。

为了实现这个目标，郭士纳采取了下列措施。

◎打造新的管理团队，延揽与他一样有急迫感又值得信赖的人才。

◎正视严酷的事实——哪些运营措施导致了公司问题丛生。

◎在IBM所有的核心业务中注入对顾客的高度热忱。这种转变让IBM扮演了科技企业系统整合者的角色。

◎清除IBM以往的官僚文化，采用新的企业文化，让员工在绩效标准、价值观和责任制的架构内自由发挥。

◎采取低度承诺、高度实践的做法。郭士纳刻意和媒体保持距离，这样真正受重视的就是实打实的成果，而不是虚夸的宣传造势。

◎任何并购机会，只要无法带来可观获利，或是不符合 IBM 成为世界科技整合佼佼者的策略，一律回绝。

◎制订严谨的接班人计划，为下一任首席执行官铺路。

◎拒绝想要把 IBM 拆解成数家小公司的构想，排除所有不符合科技整合这项重点的活动。

◎重振 IBM 的核心价值，尤其是追求卓越和成功的热忱。

◎建立一个有 300 多名资深领导者的团队，团队中没有任何人可以自动连任，每个人都必须实现年度绩效目标，才能继续留在团队之中。

◎在电子商务上大胆押注，并且相信网络运算会取代分散式运算。这个决策成为挽救 IBM 最有效的措施。

2003年，郭士纳从IBM退休之际，该公司股价从1993年每股13美元（股票分割调整后的价格）的低点，飙升到每股80美元，其市值有了惊人的增长。更重要的是，IBM再一次成为科技市场的主角，2003年公司的营收达到890亿美元，成为全世界最大的软件供应商之一，仅次于微软。

2. 诺德斯特龙百货公司

诺德斯特龙百货是20世纪最佳零售商之一，该公司以优异的客服闻名于世。然而20世纪90年代，诺德斯特龙开始走下坡路，到了90年代末期，其营业额快速下滑。2000年，诺德斯特龙家族第四代成员布雷克·诺德斯特龙继任公司领导者，着手扭转公司的颓势。

在2000年到2006年，布雷克采取了下列措施。

◎重建诺德斯特龙公司传统的倒金字塔式管理架构——高层主管在最底层，与顾客互动的一线销售人员则在最上层。布雷克亦以身作则，总是亲自接听电话，不用秘书，而这也是诺德斯特龙家族的传统。

◎回归诺德斯特龙公司过去选才的模式，聘任价值观与品格禁得起考验的人，而不只是技能出众的人。布雷克强调，公司要聘用可以教导其销售技巧的好人，而不是要聘用必须教导他如何成为好人的老练的销售人员。

◎投资2亿美元建立新的永续盘存制度，以便让销售人员可以更快速地找到顾客想购买的特定商品。

◎要求每一个员工都要尽全力跟顾客建立起稳固而长久的关系，并且大幅改善公司的基础建设，帮助销售人员实现绩效目标。

◎延揽具有高度绩效目标以及工作热忱的专业销售人员，并且赋予他们必要的自由，以便能够作出最符合顾客需求的决定。

◎全力采取许多小规模但意义重大的变革步骤，而不是大规模或剧烈的行动。

◎专注于确立诺德斯特龙公司的独特企业文化，并建立相关支持制度进一步提升企业文化。

◎扩大公司的管理团队，这样即便某位管理者不在其位，公司依然能继续发展。

◎重燃诺德斯特龙公司的核心价值：服务至上；热切追求进步；具有创业精神的工作观；追求卓越的名声。

2000年布雷克上任时，诺德斯特龙公司的股价大约是每股8美元，到了2006年年底，诺德斯特龙的股价涨到了每股50美元。

总之，真正卓越的企业永远不会放弃努力，也不会进入不得不束手投降的阶段。如果你真心希望建立一个禁得起时间考验的卓越企业，应该做到以下6点。

◎要完全愿意随时调整不成功的战术，并采取更理想的战术，但永远不要忘了你的核心目标。

◎快速排除任何会失败的构想，但绝对不要

放弃想要建立卓越企业的目标。

◎要欣然舍弃那些很快就会过时的活动，但绝对不要放弃你的基本原则。

◎你可以接受创造性破坏的概念，但绝对不要违背能开创自己未来的必要原则。

◎忍受任何可能在市场上遭遇的短暂痛苦或损失，但绝对要保持信心，相信自己最终一定会胜出。

◎可行的话，和过去的对手结为盟友，共同将你的服务市场做大，但是在核心价值上绝对不能妥协。

关键思维

真正的卓越和只是成功之间的最大差异，不在于没有遭遇困难，而在于能否从挫败，甚至是重大变故中重新站起来，且比以往更为强盛。伟大的国家能在衰落后复兴，卓越的企业能在衰败后复苏，卓越的人能在摔倒后再站起来。只要没有被完全淘汰，就永远都有希望。

——吉姆·柯林斯

我们的研究显示，即使身处混乱、崩溃、不确定性与巨变之中，依然有可能建立卓越企业，并且维持卓绝表现数十年以上。事实上，如果你一直都采取卓越的原则，你应该祈祷发生剧烈的震荡，因为你能借此机会超越那些无法跟你一样坚持到底的企业。

——吉姆·柯林斯

有的人天生就不会束手投降。苦于重大打击是一回事——每一个永续的事业好像都会在某个时间点上遇到这种状况，而放弃那些值得长时间奋斗的价值观和抱负又完全是另一回事。失败并不是实际状态，而是一种心理状态。所谓成功，就是在跌倒后能再一次爬起来。

——吉姆·柯林斯

好领导也有坏决策

Think Again

Why Good Leaders Make Bad Decisions
and How to Keep It from Happening to You

原著作者简介

悉尼·芬克尔斯坦（Sydney Finkelstein），毕业于美国协和大学、伦敦经济学院和哥伦比亚大学，现为达特茅斯学院商学院管理学教授，讲授领导力与策略等课程。

乔·怀特黑德（Jo Whitehead），毕业于剑桥大学、哈佛商学院及伦敦商学院，曾服务于波士顿顾问集团，现为英国企管研究机构阿什里奇战略管理中心主任，专门研究策略决策。

安德鲁·坎贝尔（Andrew Campbell），毕业于爱丁堡大学及哈佛商学院，曾任伦敦商学院企业策略中心研究员，也曾任职于麦肯锡公司，目前与怀特黑德同为阿什里奇战略管理中心主任。

本文编译：洪世民

主要内容

主题看板

坏决策和错误决策的差别

坏决策和错误决策有何差别？在推出一种经过严谨评估的新产品后，却发现不是消费者所要的，这个决策就是错误决策。但如果是在冲动之下，或出于私心、或过于主观地作出决策，且引发不良后果，那么这个决策就是坏决策。前者是结果不符合预期，后者则是过程出现瑕疵。错误的决策很难避免，但是不当的决策过程却可以事先预防。

企业领导者作出坏决策的原因有很多，除了没有取得正确的信息、没有精确评估成本与效益的比重等因素，领导者的心态往往也是决策失当的重要原因。领导者会依赖过去的经验，这实际上是危险的，因为过去的经验不一定适用于目前的处境。

在上世纪 90 年代末的长期资本管理公司危机中，雷曼兄弟公司的首席执行官富尔德曾成功率领公司走出余震。10 多年后，他仍然相信自己能够再次成功。在 2008 年的金融风暴中，富尔德依然态度高傲，不断拒绝想要收购雷曼的企业，雷曼的破产证明了富尔德所依赖的经验并不适用于当时的金融行业。

日本迪士尼乐园在短时间内取得了巨大成功，创造了新的进场人数纪录。这让当时的决策者误以为同样的方法可以不断复制，所以他们不假思索地将其应用到欧洲迪士尼乐园的选址和建造过程中。事实证明，法国巴黎并不是日本东京，法国人不像日本人那样渴望具有美国文化背景的迪士尼景观。欧洲迪士尼乐园开业后，实际营收远远低于预期水准，选址决策的失败造成了迪士尼公司的衰败。

企业领导者想要避免作出错误决定，首先要做的就是抛弃自以为是的观念，避免在决策上独断专行。通用公司前首席执行官杰克·韦尔奇在自传中曾提及，当他准备并购老牌的基德投资银行时，该银行已陷入内线交易丑闻，但是他却不听从两位熟悉金融的高级主管的建议，自认为有办法重新整顿这家银行，结果最后因经营失败损失了3.5亿美元，这是韦尔奇承认的在经营上所犯的最大错误。

要想降低作出坏决策的概率，企业领导者在决策之前一定要具备正确的态度：承认自己可能存在各种各样的偏见。要找出偏见，必须与不同的人进行讨论，并参考不同的数据。领导者要把一个勇于对提案说“不”的团队加进来，并且要提高这个团队在决策中的话语权。

关键思维

我们一改过去着重于决策流程、制度的研究，而从“决策神经科学”的角度，分析为什么经验丰富的决策者还会决策失当。

决策神经科学借用了神经科学、医学、心理学、经济学等领域的学术研究成果，将神经科学与行为决策科学的研究加以整合，希望从神经学的角度去理解决策者的行为偏好、决策过程的脑神经活动模式、决策模型等。简单而言，就是要了解决策者的经验、思考模式和偏好对决策的影响。

——悉尼·芬克尔斯坦　乔·怀特黑德

安德鲁·坎贝尔

5分钟摘要

明智的企业领导也会犯错误

就算是经验丰富又明智的领导者，有时也不免作出极为糟糕的决策，给企业造成惨痛的后果。分析个中缘由，你会发现领导者可能在4种情况下使用错误的思考模式。

◎领导者有“误导性的经验”，这种经验乍看之下适用于现况，实则不然。

◎领导者误以为过去的决策适用于新的情况。

◎领导者的个人利益牵涉在决策中，这使他的思考模式变得模糊不清。

◎领导者有某种“情感依附”，导致其思考模式失之偏颇。

要避免这些情况在你的企业发生，你应该建立以下4种防御措施。

◎给决策者提供更完善的资料，并坚持依据事实作决策。

◎鼓励员工针对决策进行讨论，如此便可抗衡领导者的个人偏见。

◎组成管理团队，独立审核决策团队提交的所有提案。

◎监督并追踪决策流程，以便记录和公布各项决策的实际成效。

关键思维

我们相信，在作重大决策时，针对红色预警状况设计出某种防御措施是切实可行的。当然，我们无法顾及所有的决策，但审慎规划防御措施可大幅减少坏决策的数目。我们认为，决策流程必须依照可能扭曲实际状况的红色预警量身定制。一般决策方式中的繁杂流程，往往会营造出官僚的氛围，引起大家对流程的轻视。因此，标准流程应该简单易行，既能节省成本又能建立权威，然后视特定决策的状况，在标准流程中加入防御措施。

——悉尼·芬克尔斯坦　乔·怀特黑德
安德鲁·坎贝尔

一　常用的决策方式

有经验的人通常不会审慎地分析现状，往往基于直觉、想象和过去的经验作决定。大致而言，领导者会凭着对过去行动的记忆，选择一项行动方案，并且会想象如果将同样的做法应用于现状会产生什么结果，借以找出合适的做法。这种方法被称为“一次一方案”。它并不是用心评估、比较各种选项之后得到的最好的方法。

大多数人在面临企业决策时，一般只会评估一项可能的行动方案，不会权衡多种替代方案和选项。这种决策流程大致如下。

◎首先，决策者接收到某种感官输入。

◎决策者的模式辨认流程会根据这种输入去

搜寻记忆，寻找以往类似的经验。与此同时，他们的大脑也会尝试回想对过去那项方案联结或标记的情感。

◎接着，决策者会评估现状，设法找出必须以何种方式应对。完成评估之后，他们便会稍加检视。基本上他们会去寻找能证明自己评估正确的线索。

◎此后，决策者开始考量记忆中类似情况下采取的行动方案以及记忆中的情感标签。

◎决策者会想象，如果将此行动方案应用于现在的运营之中，最可能产生何种结果，借以检视该方案。因此，他们会打开对于运作方式的认知阀门，以及过去采取类似做法时产生的任何负面情感标签。

◎如果察觉有潜在的问题正在形成，他们就会回头选择替代方案，然后以同样的方式加以检视。

一般而言，经验丰富的人一次不会考虑超过

一个方案。这种一次一方案的思考方式会产生以下问题。

◎决策者的经验可能是误导性的，特别是在环境发生重大变化的时候。

◎不当的预设判断可能影响决策者评估不同结果的能力。

◎决策者自身的动机可能会促使他们选取错误的方案。

◎如果决策者必须很快作决定，一次一方案的流程是有用的，但是，除非他们的相关经验非常丰富，否则这些决定并不可靠。

◎当决策者面对的情况不明晰时，那么一次一方案显然毫无用处。

◎决策者从未寻找和考虑所有可行的选项。

◎决策者在不同选项之间作抉择的标准莫衷一是。

◎下属常常会被要求针对方案进行详尽分析，但他们并不会力求严谨，因为他们认为决策者的喜好非常明确，不太可能推翻。

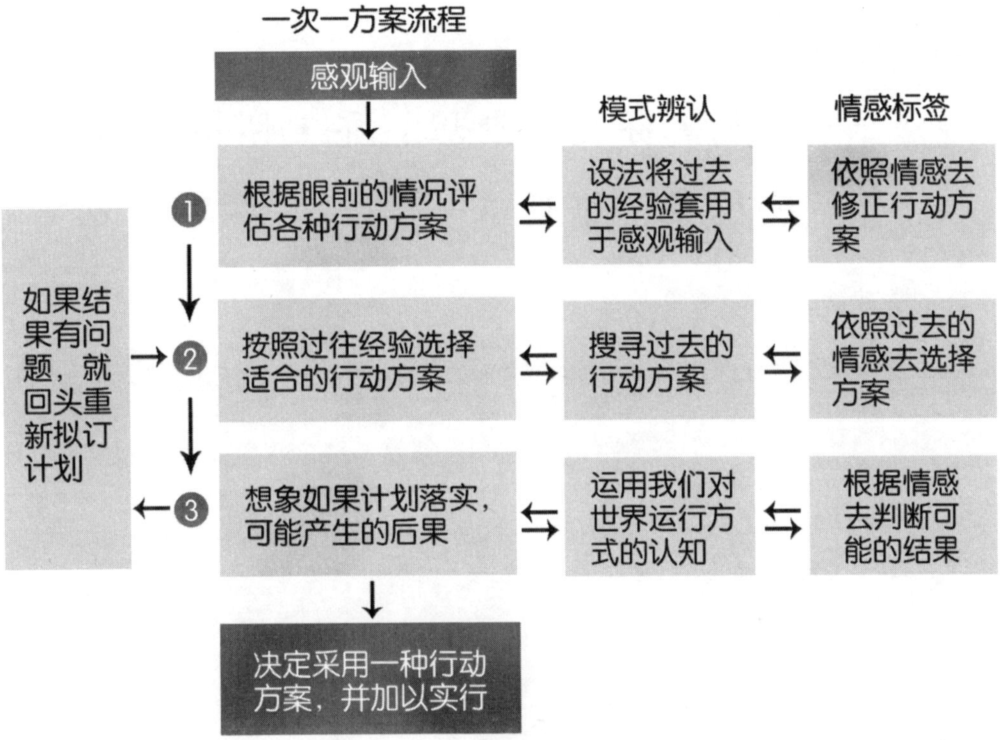

关键思维

这种一次一方案的决策方式，无法强力制衡决策者思考上的错误。倘若决策者的经验、知识和情感标签能引领他们得出正确的答案，这会是极为有效的流程，但这个流程在本质上无法帮助他们质疑和挑战自己作出的判断。因此，决策者必须为此流程设计一些步骤，建立若干防御措施来杜绝错误。

——悉尼·芬克尔斯坦　乔·怀特黑德
安德鲁·坎贝尔

二　为何有时决策会出错

在以下4种“红旗”状态下，最可能出现导致坏决策的思维模式。

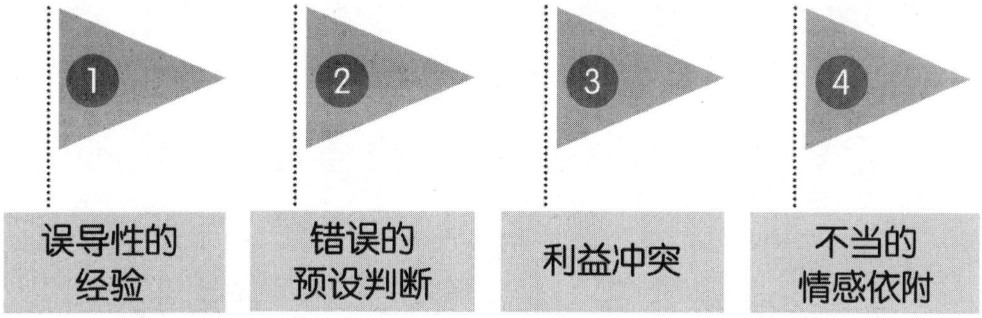

只要你看到有上述任何一面“红旗”升起，就该深吸一口气、退后一步，然后再采取行动，确保你的决定不会成为其中任何一面“红旗”的祭旗。

1. 误导性的经验

如果企业领导者有类似于目前所面临状况的

经验，便可能被误导。他们会误以为目前的挑战将会以过去的模式发展，也可能以为当前的重大挑战不过是往日的轻微挑战规模扩大而已。这两种认知都有可能是错误的。

误导性的经验是企业领导者作出错误决策的常见肇因，其主要表现为以下 6 点。

◎过分自信——以为自己了解情况，而事实上并未洞悉其中所有的细枝末节。

◎失之偏颇——忽略不符合自己既定价值观的事实。

◎偏重自己的亲身经验——不愿意（或无法）从他人的错误中吸取教训。

◎使用简单的类推——而这可能不适用于眼前的情况。

◎偏爱某种行动方案——不是根据相关实据选择行动方案，只因为某种方案在过去有效。

◎错估未来的绩效——完全无视现实的混乱局面，把目前的绩效投射到未来。

决策者误导性经验最常见的成因有以下3个。

◎企业一直采取同一套策略。

◎企业一直成就辉煌。

◎业界采取的策略都大同小异。

只要能清楚地看出误导性的经验，便可努力降低其对决策的影响。这通常需要找出下列3个问题的答案。

◎在决策中，包含哪几项关键的不确定因素？

◎主要决策者过去在这个领域的经验是否足以让他们正确判断这些不确定因素？

◎决策者是否有某些可能使他们误判的经验？

开诚布公地提出并回答这3个问题，可以帮助你辨认可能误导决策者或混淆其思考的经验。

研究显示，超过一半以上的坏决策是依据误导性的经验作出的。误导性的经验可能扰乱决策，因此是一面必须严阵以待的重要“红旗”。

2. 错误的预设判断

在事业或生活上遇到困难时，人的直接反应多半是求助于自己所储存的知识与经验。你此前在“类似情形”中所作的判断往往会浮现于脑海，并主导你的思考。倘若这些过去的判断还夹杂着强烈的情感，就会更加影响你的思考和决定。凡此种种固然有借鉴作用，但有时现在与过去的情况之间，其实没有多大关联。

一般而言，预设的判断会以如下的方式影响你的思考。

◎可能牵制你的思考，让你不假思索就选择特定方案。

◎可能让你失去客观性。

◎可能让你难以在情况改变时再度认真思考。

◎可能会混杂强烈的情感而影响你的决定。

当你落入陷阱，被过去的判断牵制，显然会

失去些许客观性。简单来说，你正陷入决策错误的风险，因为你不让事实说话，反而在某种程度上扭曲事实。

错误的判断会产生以下现象。

◎思维受到牵制——大脑中只有毫无助益的构想或出发点。

◎过度自信——认为你在处理的是熟悉而非新奇的事情。

◎只参考你期待得到的答案——未能参考所有可得的资料，反而只检视符合自己过去错误判断的资料。

因此，你有可能对下列事项进行不当的预设判断。

◎你所面临的状况。

◎你可以选择的选项。

◎你所追求的目标。

◎你用以在各种选项间抉择的标准。

◎自己的能力或企业的能力。

◎你的决策可能产生的结果。

要杜绝误判，你应该养成询问以下 3 个关键问题的习惯。

◎你在这个决策中发现了哪些重要的不确定因素？

◎你对这些不确定因素是否已有确定的意见？

◎那些预设判断是有客观证据充分支持的，还是基于其他标准所形成的？

只要坚持进行以上分析，你通常就能看出已经产生的预设判断是否存在问题，然后便可确保这些预设判断不会对决策构成不当的影响。

决策者在作决策时，的确很难不运用预设判断。有些预设判断有合理证据的支持，也是正确的。然而，确实有些预设判断可能会造成误导，它们或许适用于某些之前的状况，但不适用于现况，或者可能根本就是错误的。当决策者察觉到这些可能造成误导的预设判断时，就必须根据特定目标加强决策流程管理，以降下这面会导致他们作出坏决策的“红旗”。

3. 利益冲突

自我利益通常在潜意识中发生作用。在很多情况下，决策者根本无法发现其个人利益是如何左右选择的。让决策者纠正他们浑然未觉的偏颇，显然是件不容易的事。

形成利益冲突的原因相当多，在商业领域主要有以下5种。

◎你可能想通过做些事让自己能得到分红、津贴或是晋升，因此不去理会其他无利可图或不具利益的选项。

◎你可能想要实现某个事关重大的目标，例如实现当季或年度的预算目标等。有些领导者会为了实现某些目标而走捷径，甚至不惜冒风险。

◎你可能想要提高自己的声誉，因此想完成备受瞩目的交易让自己出风头，而不是完成对企业长期发展更为有利、却没有掌声的交易。

◎你可能想要受到同事欢迎，因此迟迟不肯开除某些部属。

◎你可能想要花更多时间做自己喜欢的事，忙着研究整体策略的问题，却不关注迫切需要解决的问题。

总的来说，自我利益的问题显然永远都存在，很少有决策完全不涉及自我利益。大多数时候这并不会成为问题，因为决策者的个人利益与企业的利益有较强的一致性，但只要决策者的个人利益与企业利益有冲突，而且达到足以扭曲决策的程度，问题就来了。

以下 3 个问题，通常能测查出决策者在作决策时是否被不当的自我利益所牵制。

◎是否有特别吸引决策者，或是特别不吸引决策者的选项？

◎决策者的个人利益是否与主要利害关系人的利益有冲突，还是双方利益一致？

◎是否有足以严重扭曲决策的利益冲突？

一一探究这些问题，就可以找出所有潜藏的“红旗”，然后就能判断是否该进一步核查，以便更能确保决策者不会因为不当的自我利益而作出错误决策。

自我利益会以各式各样的伪装出现，其中较为常见的就是“道德的灰色地带”——即便决策者力求客观，还是会受其影响。的确，决策者常常以为自己的决策是理性的，甚至会说服别人相信他们的论点是合理的。然而，自我利益始终在背后发挥作用，这可能会让决策者低估自我利益的影响力。

4. 不当的情感依附

情感依附是指我们与亲友建立的社会性联结。在商业上，可能产生的情感依附主要包括以下 5 个方面。

◎你可能对某个社群产生情感依附。

◎你可能会忠于同事或是自己所属的职业团体。

◎你可能会对某些业务范围产生情感依附，并根据自己的兴趣作决定，而非基于合理的商业标准。

◎你可能会对某家公司产生情感依附，以致不再重视其他公司。

◎你甚至可能因为自己参与过某个活动而对其产生情感依附。

情感依附是人类的一种本能，因此并不容易被察觉，就算发觉到它的存在，也很难发觉它对你的决策造成何等影响。你很可能会低估情感依附的影响力，总觉得自己的决策合情合理。

在商业上产生情感依附的常见原因包括以下5种。

◎你可能未经思考便认可亲朋好友所提出的计划，而没有从严审核提案本身的优劣。一般而言，首席执行官比较容易接受直接下属提出的构想，较难接受企业其他部门人员所提出的构想。

◎你可能会被工作以外的情感依附所影响，

比较青睐与你志趣相投的人所提出的建议。

◎你可能会和特定的企业、供应商或顾客群关系密切，因此会希望尽量为这些对象提供内幕消息，告知其未来可能出现的商机。

◎你可能会对公司的各种事物产生情感依附。例如，你们的商标、产品，甚至是送给访客的礼物或纪念品。这些事物在你心中的重要性可能超过其真正的价值。

◎你可能会特别喜欢某些地方。例如，可能会竭尽所能保护某家工厂，因为你曾经在那里担任过经理，或是在那里积累了成长经验。

由此可见，情感依附有不同的形式和程度。还有一点很有趣，那就是情感依附是完全个人的。我们很难完全预测出一个人所有的情感依附，然后追踪这些情感依附会如何影响他们所作的决策。

要想察觉出不当的情感依附，你应该思考以下 3 个问题。

◎现阶段讨论的选项中，是否有哪一项会影响到决策者可能有情感依附的人、事、物?

◎这些情感依附是否会强烈到与主要利害关系人的利益相冲突?

◎是否有哪项情感依附会强烈到足以扭曲即将作出的决策?

不适当的情感依附是可以事先察觉的，却也可能是所有造成错误决策的原因之中最难以预料的。不适当的情感依附与决策者的日常生活紧密相关，这些情感依附大多数时候看来是正面的，至少对决策者而言是正面的。因此，把情感依附当成潜在的“红旗”加以揭露，可能会使人尴尬。研究表明，至少有 40% 的错误决策由此而起。

关键思维

在作决策之前，一定要辨识你所依据的经验，特别是可能影响你作选择的经验，然后你便可以转移注意力去加强决策流程管理，抵消这些潜在的不良影响。

——悉尼·芬克尔斯坦　乔·怀特黑德
安德鲁·坎贝尔

误导性的预设判断是坏决策的成因之一。这是因为它们可能依附于强烈的情感标签，而情感标签又可能随着时间日益强化。伴随判断而产生的新情感标签可能会非常强烈，或许是因为这个状况原本就被贴上情感标签，也可能是因为决策者必须对这个判断产生额外的情感才能采取行动。久而久之，随着决策者找到确切的证据，对判断的支持就可能变得更为强烈。结果可能造成决策者极度偏向支持这个判断，并且强烈抗拒他人的意见。因此，我们必须格外留意这种存在已久的预设判断。

——悉尼·芬克尔斯坦　乔·怀特黑德
安德鲁·坎贝尔

适当的自我利益是带动决策与企业活力的必要手段。我们真正该担心的是不当的自我利益，也就是决策者的利益和该项决策中其他利害关系人的利益有冲突，且可能扭曲决策的状况。

——悉尼·芬克尔斯坦　乔·怀特黑德
安德鲁·坎贝尔

我们时常低估了自身情感依附以及他人情感依附的影响力。因为情感依附产生的情感最可能显得有益无害。决策者，甚至包括他们身边的人，都特别容易忽视情感依附带来的危险。这表明，我们必须格外谨慎地考量情感依附可能产生的影响。

——悉尼·芬克尔斯坦　乔·怀特黑德
安德鲁·坎贝尔

三　如何避免坏决策

以下4种防御措施可降低用错误思考模式作出坏决策的风险。

◎提供新的经验与资料。

◎辩论与质疑。

◎更完善的治理流程。

◎加强监督。

前述任何一种“红旗”状况和此处所举出的防御措施，并没有直接的对应关系，但是只要一有“红旗”出现，就应该运用最适合的防御措施进行预防。

1. 提供新的经验与资料

如果能给决策者提供新的经验与资料，就能大幅降低决策错误的风险。

◎在进行新产品研发之前，决策者可以安排

研发人员与重要顾客进行面对面讨论。

◎在决定进入新市场前，决策者可以搜集更详尽的市场信息。例如，购买行业报告或是委托专业机构进行全新的分析。

◎决策者可以延揽顾问来提高决策的客观程度。在进行重大决策时，甚至可以找两家看法截然不同的咨询公司参与决策过程。

◎决策者可以进行决策模拟，推演不同选择会产生的不同结果。

◎决策者可以采用“一张白纸”的方法——想象新创公司会如何攻击他们现行的运营模式，进而改变局势。

◎企业可以举办内部竞赛，让各个决策者面对面竞争，使最好的构想得以胜出。

◎企业还可以委托外部机构进行全新的研究，鼓励他们进行原创性的思考，并以此挑战决策者的观点。

通过以上方法，决策者可以获取新的经验和

资料，这些新经验、新资料的多元性和相关性越高，就越能发挥防御的作用。

2. 辩论与质疑

第二个防御坏决策的方法是进行团体辩论，以间接方式质疑决策者个人的偏见。如果决策者持开放的态度，补充资料和加强分析的方法可能会有效，但如果决策者较为偏执，进行团体决策会比较理想。

团体辩论能否奏效的关键，显然就在于要在一开始就找到合适的成员加入，再营造出开诚布公的环境，让大家畅所欲言。此外，团体辩论所依循的流程也非常重要。在这方面，决策者应该关注下列问题。

◎是否需要聘请一位和辩论结果没有利害关系的独立主持人？

◎是组成不同的子团体检视评判决策的各个部分，还是从头到尾都交给整个团体？

◎在必须作出决定的截止期限前，有多少时

间可以进行辩论与质疑？

◎什么样的辩论方式最能让决策者集思广益，并激发多元观点？

◎如何增加新成员，为辩论注入崭新的观点？

◎最终的决策结果是采取多数表决，还是这个团队只是给最终决策者提供参考意见？

◎若发现问题成员，要如何撤换？

◎是否要请团体成员在辩论中扮演特定角色？例如，一个人着眼未来，一个人维护传统，还有一个人主张维持现状？

◎对于各种选项的投票要采取公开还是保密的方式？

◎是否要举行专门的辩论会，以征求并评估新的构想？

◎由谁负责质疑企业根深蒂固的观点？

◎团体辩论的过程中，什么时机可以重新制定决策？例如，将焦点从“我们要如何维持现状”转变成“我们要如何避免陷入激烈的恶性竞争，同行纷纷砸下重金而市占率却始终不动”。

团体辩论是防御坏决策非常有效的方式，只要确定辩论进行的方式确实有效即可。就某些决策来说，辩论方式不必太复杂，或许简单的一对一讨论就已足够，但多数时候更为正式的团体辩论则比较合适。不过，这个环节要确保团体辩论采用的流程有效有用，且不会浪费时间和资源。

3. 更完善的治理流程

如果决策者强势又有魅力，要求他们重新彻底反思坏决策或许并不容易。就算组成团体，该决策者的影响力也会限制团体作用的发挥。在这种情况下，降低错误决策风险的唯一办法，便是强化治理流程。

如果建立独立的治理团队来负责审核决策团队或高层主管提交的提案，就等于有了一张极其重要、能够阻挡坏决策的安全网。有了独立的治理团队，企业决策的客观性便会有所提升。

企业管理者最好能授予治理团队下列权限。

◎定期招聘有特殊专业能力的人才。

◎要求决策团队搜集更详细的资料。

◎聘请能指出决策提案中被忽略内容的独立顾问。

◎要求决策团队用更多时间去讨论决策的各个层面。

◎会见利害关系人，讨论当前决策可能会造成的影响。

◎将潜在的风险制作成检核表，询问决策团队如何处理这些风险。

◎指派治理团队成员坐镇决策会议，观察决策过程。

◎质疑决策的各个层面。

◎否决不当的决策。

治理团队人员的素质显然是其治理成效优劣的关键之一，但其所采用的流程更为重要。大多数治理团队往往会要求企业在重大决策上必须遵循“3 好球”的原则。例如，如果企业准备启动重大的并购案，必须经过治理团队以下 3 个阶段的核准。

◎企业在首度提出并购想法时，治理团队必须审核并购提案的运营策略、经营方向以及一系列可能的目标。

◎治理团队要审核并购的价格。

◎最终协商出的并购条件，必须经过治理团队审核才能拍板定案。

这个审核流程会使治理团队事先充分了解企业的重大决策，也有更多机会去评估相关经理人的客观性。一项决策若进行到了后面的阶段，就很难改弦易辙。让治理团队及早介入，就有时间和机会抓住并解决决策过程中出现的问题。

4. 加强监督

如果公司治理流程的力量不够强大，或者治理团队的专业能力不足，那么防御坏决策的最后一道防线，就是要加强对决策成效的监督。简单而言，如果高层主管知道自己的决策及其成果会公示并存入档案，或许就足以促使他们再三斟酌自己的决策。

在某些情况下，额外（也就是超过一般水准）的监督非常有效。如果能用额外监督测出早期警讯，进而快速修正错误的决策，将对公司发展特别有益。只要监督得宜，企业便可及时调整方案。监督也可以让高层管理者在问题刚发生时，就能快速掌握全局。

额外的监督可采取以下方式进行。

◎可以事先宣布你的目标，再宣布评估的结果。

◎可以事先说明要追踪哪几项绩效指标，再比较执行前后的差异。

◎可以将监督制度与薪酬制度联结，使所有成员确实正视这个制度。

◎可以先进行测试，并具体指出测试绩效至少必须达到何种水准，你才会考虑全面推动决策的实施。

◎可以采用“门槛性投资”方法——达到特定目标才继续注入新的资金。

◎可以建立某种正式的检讨流程，再视所得到的成效调整决策。

◎可以通过监督让企业管理者更充分地了解哪些做法无效，并在未来进行修正。

◎监督可用来增进决策的弹性。

总之，这 4 种防御措施固然有益，却也有以下负面影响。

◎防御措施十有八九会减缓决策流程——在今天变化莫测的商业环境中，这对企业而言并不是那么有利。

◎防御措施可能会使企业重复设立部门——结果可能会多了一个毫无实质贡献的部门。

◎防御措施有时可能会抑制员工的积极性，扼杀其主动性——大家在搜集和分析大量资料之前，可能不敢做不同的尝试。

◎防御措施可能不符合企业领导者管理方式的偏好——有些领导者喜欢关起门来和少数重要的顾问讨论重大决策，而不想让众人去分析其讨论的内容。

◎防御措施的成本可能大于最终创造的价值。

由于防御措施有这些副作用，所以你的防御措施“够用”就好——只要足以处理个别决策中的特定状况即可。如果能这样设立防御措施，其副作用便在你的控制之中。

决策者越能清楚地了解所面对的“红旗”，就越能设立刚好足以让一切顺利进行的防御措施。

某种防御措施会比其他措施更适合特定对象——从一开始就要依照决策者的个性、作风和喜好，量身打造防御措施。这意味着，当对象变了，防御措施的组合可能也要随之调整。

决策者经验越丰富就越容易设置有效的防御措施——从他们过去的表现可以清楚地看出，某种状况最适合运用哪些防御措施。

在大多数情况下，直觉会告诉你需要采取哪些防御措施，但如果你面临的是更为复杂的情况，就应该采取以下几个建议。

◎力求简单，反复调整——先采取最适合的防御措施，再视后续情况加以调整。如果你一边着手设置一些措施，一边继续分析情况，只会徒增困惑。你要先从一个地方着手，再从那里逐步推展，即选择一个问题，并建构一种方法来防御可能的扭曲，再审视必须增补什么。当情况复杂得令人头昏眼花时，这种方法格外有效。先从合理的地方着手，再随着相关情况的变化反复调整。

◎你一定要从最令人担忧的“红旗”着手——选择一个“红旗”证据最为确凿的问题，并评估其最有可能产生的最大伤害，然后就从那里着手。

◎如果你拿不定主意，就按照逻辑推演出最佳防御措施——当你不确定哪些防御措施最适合某种状况时，请依照下列顺序去思考：提出新的经验与资料；检视可行的辩论及质疑方式；再考虑治理流程；最后考虑怎样强化监督。

◎权衡各种防御措施的利弊——找出最理想的防御措施组合。通过这种操作方式，通常就能找出副作用较少的防御措施。

关键思维

要成为优秀的决策者，你不仅要具备专业能力及良好的判断力，还要采取多种措施去防御种种难以避免、可能导致错误决策的扭曲和偏颇。你也许无法消弭所有的错误决策，但绝对可以降低风险。

——悉尼·芬克尔斯坦　乔·怀特黑德
安德鲁·坎贝尔

额外的监督是最后的安全网，也是防御坏决策的最后一道防线。在没有其他替代方案能进行防护时，这种方式尤其有效。

——悉尼·芬克尔斯坦　乔·怀特黑德
安德鲁·坎贝尔

坏决策是由两个因素造成的：一个人或一群人判断错误；决策流程无法改正错误。

——悉尼·芬克尔斯坦　乔·怀特黑德
安德鲁·坎贝尔

用证据作管理

Profiting from Evidence – Based Management

Hard Facts, Dangerous Half – Truths and Total Nonsense

原著作者简介

杰弗里·普费弗（Jeffrey Pfeffer），毕业于卡内基梅隆大学及哈佛大学，现为斯坦福大学商学研究所组织行为学教授，并为《商业2.0》杂志撰写专栏，担任多家企业董事。他有11本著作，其中包括与萨顿教授合著的《为知识搭起行动的桥梁》。

罗伯特·萨顿（Robert Sutton），毕业于密歇根大学，现为斯坦福大学管理科学与工程系教授。曾被《商业2.0》杂志评选为“当代顶尖商业大师”，以敢于“打破常规”闻名。

本文编译：叶心岚

主要内容

主题看板

破除管理谜团，紧扣事实证据

“最好的组织拥有最棒的人才。”

“财务奖励可以推动公司绩效。”

“企业必须定期变革，否则终将灭亡……”

像这样脍炙人口的管理“智慧”，每天驱策无数企业作出重大的商业决策。但是，许多结果证实这些“智慧”未必适用于所有情况，有时甚至会导致严重的后果。

斯坦福大学教授杰弗里·普费弗和罗伯特·萨顿一直关注组织行为的课题，他们曾合著《为知识搭起行动的桥梁》，分析影响组织行为的要素，并获得广泛好评。

该书出版后，虽然有许多经理人对作者说他们如何实践书中的理念，作者却意外发现这些经理人所实践的“管理知识”多半来自研讨会、书籍或是顾问的“权威观点”，以及其他公司看似可行的做法。在工作中，他们常常拒绝采纳可信的证据，缺少合乎逻辑的思考方式。

与此同时，作者也观察到教育界和医学界正在推动“用证据作管理”的实务做法，因而开始思考是否有某种原则可横跨领域，让决策和行动更科学？简单而言，如果医生只凭之前的成功经验开处方，忽略病人的检验数据，肯定会造成更多病患伤亡。那么，企业决策又如何能在人云亦云中找到答案呢？

作者以一家小型软件公司为例，阐释了经验的局限。在这家公司的薪资会议上，会议主席推荐了前公司采用的薪资政策，甚至还请前公司的人力资源部门经理致电现公司人力资源部门经理，大谈如何仿效他们的做法。他们似乎完全没有考虑到，两家公司规模截然不同，市场和客户也不同，怎么能采用同样的薪资政策呢？这样的情况并不罕见，看看你身边，或许你的主管使用的绩效评估表也是从前公司复制来的。

作者以美国职业棒球队的收入与成绩为例，阐释了财务奖励与绩效的关系。2002 年，美国职业棒球大联盟奥克兰运动家队赢得当年最多胜的 103 场比赛，该队的总薪资为 4000 万美元；而同样赢得 103 场比赛的洋基队全队总薪资则为 1.26 亿美元。如果单就薪资来看绩效，就明显不成比例。

概括而言，有些商业见解确实有道理，从别人的经验中学习也没什么不对，而且也更经济。问题在于你是“对症下药”，还是盲目听从，或是笃信成功模式可以如法炮制？你忽视了能抄袭的是最表层、最明显、大多也是无关紧要的做法，需要根本改变的则是你的企业文化和制度，以及用证据作管理的心态。

有趣的是，作者在研究中发现，没有人反对决策和行动应该讲逻辑、看证据，但是有许多人陷入了盲目管理的泥淖。如果想要顺利地从盲目管理的窘境中脱身，你必须先破除管理上的谜团，看清执行上的障碍，设定可行的步骤。这也是用证据作管理的基本方法。

一　目前流传的管理智慧是什么

企业管理者经常通过购买商业书籍、参加研讨会、聘请顾问、关注商界新闻来寻找决策线索，所有这些资源都各有其实用之处，但如果企业管理者把这些资料当做新商业点子的唯一来源，一定会遇到问题。

拙劣的商业决策有以下 3 种常见的来源。

◎随意设定标杆——将另一家公司成功推行的做法，照搬到自己的业务中，却没有分析它是否真正可行。

◎继续采用过去似乎奏效的做法——假设未来市场条件会非常类似或雷同，因此重复相同做法，期望得到相似或相同的成果。

◎遵循未经证实的经营理念——那些晋升为资深管理者的得意计划并不是全部都以事实为基

础，有的只是单凭直觉。

总之，这 3 种方法没有利用可靠的逻辑搜集、分析资料，再据此采取行动。为了避免出现这些问题，企业家必须用证据作管理。简单而言，就是企业管理者所有的决策都必须以事实为基础，并且根据最充分的实验证据采取行动，而不是依照管理者的期望。

现行评估管理智慧的标准，多少有些瑕疵和缺失。作者所提出的用证据作管理以下列 6 项标准为基础，这 6 项标准与目前普遍流传的管理智慧截然不同。

1. 把过去的商业构想当成过去的策略

许多经理人不断费心寻找崭新策略，企业顾问、出版商和商业新闻记者都知道这一点，但他们会说服经理人相信旧点子“新颖且经过改良”，因此值得采用。不可否认的是，坚持采用已获证实的想法似乎有点无趣，但却有利可图，远比创新失败要好得多。

2. 对突破性想法持怀疑态度

企业界的突破真的非常罕见，其实大多被视为突破性发展的只是许多人辛勤工作换来的一小步改善。当有人给你能让你的企业有所突破的万灵丹时，你务必持怀疑态度——特别是这项突破需要买他们的某个东西时。他们或许就跟老派的蛇油推销员一样想卖给你东西，在你能测试出他们声称的药效之前，他们已经继续上路，前往下一个城镇。

3. 开发集体才智

一个普通人所了解及做到的事远比某个商业天才做的梦重要，因此经理人务必在各司其职的团队里开发新策略。这不仅会让策略更完善，也能使可能发生的执行问题在最初阶段就得到解决。有价值的工作需要许多人协调一致的行动。

4. 总是同时强调缺点和优点

企业解决方案通常被描述为不花钱且普遍适用的秘笈，但这不可能是真的。解决方案总是需要不同的成本且可能有风险，经理人不要被渴望新点子的热忱冲昏了头。先暂停一下，确认相关的风险，再决定潜在利益是否大过可能的风险。这样一来，当问题发生时，至少你会有继续坚持下去的勇气，而不是立刻放弃。

5. 利用故事叙述说明，而不是将其当成研究方法

趣闻和故事很吸引人，但也可能是骗人的。企业管理者有时因为太投入，所以无法对真实的因果关系进行足够深刻的反思。即使是你亲眼目睹的事也可能靠不住，因为人的记忆并不可靠，有时具有高度的选择性，对于不正确的结论也不会感到不安。人们在回想胜利情境或失败场景时，通常会记起不一样的东西。总之，经理人要审慎看待所有胜利或失败的故事，而不是将其当成绝对真相立刻接受。

6. 采取中立的态度，让事实不辩自明

有些经理人和商界权威，甚至包括商管杂志

的记者，都太过相信自己的理论，因此无法从眼前的其他证据里吸取教训。实际上，企业的新解决方案可以通过些许的怀疑得到改善，经理人应该重视提议的证据，不要只因为证据和你期望的事实不符就加以排除，要让证据引领你的思维，而不受你的期望和担忧左右。

关键思维

思考是一项非常艰难的工作，时下风行的管理方法是思考的绝妙替代品。

——彼得·德鲁克　管理大师

二 企业六大半真半假的“真相”

以下6项传统商业实务几乎获得了业界的普遍认同，这些原则的每一项都是部分正确，能够适用于特定时期。但是，如果人们每次作决策时都完全依据这些原则，最后可能会弊大于利。企业管理者要有效运用这些半真半假的“真相”，关键在于要知道什么时候应该采用，什么时候最好不予理会。

1. 工作伦理应该彻底不同

许多人的行为是根据他们的工作及私人生活划分成两种截然不同的方式。不同公司管理人才、实施奖惩及容忍错误的方式，都有不同的标准。因此，企业员工可能要面对如下问题。

◎每天穿什么样的衣服。

◎在上班时间必须放下所有私人事务，只能

专注于公务。

◎遵照上级指示而不是个人的创意构想来工作。

◎被无礼、不体贴或傲慢的老板责骂。

◎将对同事的任何幻想放在一旁。

◎还没做好准备就掉进商业冲突和激烈的竞争之中。

◎找不到任何意义或个人成就感。

企业员工把工作和私人生活分开，可能会减少冲突，作出更客观的决策。不过，把工作和私人生活整合在一起也能产生以下效果。

◎更具包容性的生活风格——你可以和朋友及家人一起合作，实现令人印象深刻、刮目相看的目标，而且这种方法也能在公司和员工之间建立强力联结。

◎界线模糊——家人和朋友也能成为客户，或成为企业的员工。

◎鼓励员工做自己并展现自己的个性，会让

员工觉得安心——员工进而会以更充沛的精力和更高度的热忱服务客户，快乐、士气高昂的员工，总是能找到改善与客户沟通的方法。

◎管理者会觉得这样的员工更可靠——他们会鼓励企业里的每个人从事和自身价值及个性一致的工作，管理者不会只因为身处工作场合，就要求员工展现不一样的行为。

当一家企业在工作场所允许甚至鼓励其他企业不会容忍的行为时，不仅员工的满意度会增加，他们的工作效率也会提升。将工作和私人生活完全切割的传统观念是有缺陷的。

2. 最好的企业拥有最棒的人才

每家公司似乎都在尝试吸引顶尖人才，并深信只要找到适当的人才加入，其他问题就能迎刃而解。企业管理者认为好的人才会彼此惺惺相惜。因此，他们会雇用具有相同才干的人，进而形成良性循环——提高新雇员的素质，而且这些优秀的员工日后能吸引其他优秀人才。

这种心态一般依据以下 3 项假设。

◎个人才能是固定的而且不能改变。

◎人的才能可以依据与生俱来的特点进行简单分类。

◎企业绩效是由个人才能聚集而成的。

实际上，已有无数研究证实以上 3 项假设并不成立。

◎个人才能不一定被轻易发现，特别是在个人职业生涯刚起步的阶段——许多绩效卓越的人都是经过长时间基本实务的学习，获得有效运用这些技能的信心之后才变成优秀人才的。对于大部分工作来说，以职前筛选测验的方式来评估才干和能力并不可取，但还是有许多企业坚持采用这些测验，仿佛它们是绝对可靠的工具。

◎个人的才能是活动的指标——不会固定在某个预先设定的初始水准。拥有工作、学习动机以及特定经验的人，长时间下来，总是比一味只依赖天分应付工作的人更有能力。个人的才能水准会受到许多因素的影响。

◎一般而言，卓越的企业通常比卓越的人才更重要——有了能统合团队力量和资源的健全企业架构，即使是普通人也能成功。此外，企业的目标和奖励也是员工成长的重要因素。

企业只在最高层部署少数精英而对待其他人像对待“次等公民”——没有丝毫证据证实这种做法能使企业提高效率。其实，绩效最好的员工反而出自那些尽可能以对待精英的方式对待普通员工的企业。如果你想要员工通力合作和共同学习，最好将奖励和荣誉以公平公正的方式给予员工。此外，还要避免让获得最多、最少奖励和荣誉的员工之间存在巨大的差距。

没有任何证据证实，企业因为定期解雇底层10％或20％员工而受益。如果企业以适当的方式选择和培训员工，并将他们安置在适当的岗位，就没有每年解雇10％或20％员工的理由。

研究表明，有更多的证据支持以下4项指导

原则。

◎才能是每个人都能得到的——不是只有少数人可以拥有，其他人只有期望的份儿。

◎不良的企业制度给企业造成的伤害远比能力不足的人更严重——不健全的制度甚至能让天才看起来像十足的笨蛋。如果你继续雇用看起来不错，但最后总以能力不足收场的人，不妨停止责怪这些人，并调整你的企业制度。

◎智慧远比天赋更重要——在实现企业绩效时尤其如此。要寻找能快速思考且能从错误中学习的人，而不是天资聪颖的人。

◎鼓励人们彼此合作、一起工作——每个人都能从错误中吸取教训、向前迈进，而不是随着不同人的出现，一而再、再而三地重蹈覆辙。

3. 财务奖励可以推动公司提高绩效

每家企业都相当认真地致力于“妥善处理薪资制度”——让财务奖励和员工期望尽可能一致，这样员工才会有强烈动机去做正确的事。这种努力一般以下面 3 项假设为基础。

◎员工必须受到潜在的个人财务利益鼓舞，才能为企业做正确的事。

几乎每个人都乐于提高行为动机，但研究显示，企业提高绩效的方法，主要是重新设计职场制度、找到更好的方法有效地分享相关信息或是协助人们提升技能。研究表明，如果一个人的工作奖励取决于他人的绩效产出，那么提高奖励带来的效益将十分有限。

◎薪资制度明确了什么是真正重要的、必须完成的工作以及什么较为不重要。

这可能是真的，但问题在于制度传达出来的信息，可能不是企业原本真正想要传达的。例如，仅给汽车销售员支付佣金，意味着他们不愿意在摇摆不定的顾客身上浪费时间，他们喜欢当机立断能作出购车决定的顾客。如果你想跟客户建立长久关系，让他们在有需求的时刻想起你并愿意来你店里，这种做法就可能行不通。当企业采用财务激励而不是给员工传达直接信息时，各种难以捉摸的微妙细节以及言外之意都将涌现。

◎薪资制度吸引适任的人才，同时鼓励不适任的人才转往他处。

真正的问题在于，你是希望为企业工作的员工只为了金钱而留在这里，还是希望员工热爱他们所从事的工作？如果人们只是为了金钱而留下，当更好的待遇出现时，他们是否会立刻离开？比如，你去看病时，会喜欢只是为了赚钱而学医的医生，还是偏好对健康照顾感兴趣且渴望为患者服务的医生？

研究表明，大部分薪资奖励计划都无法实现预期目标，特别是在今天的商业社会，大多数工作都依赖团队的共同努力，而不是个人表现。

以下方法可以使企业的绩效奖励制度发挥较大的功效。

◎缩小焦点——不要尝试用财务奖励解决每个问题。或许，财务奖励可以在适当时机更充分地传达公司的理念，或是让员工在顺利完成一项工作时有满足感。

◎尝试提供一些小奖励——表扬团队的成就。这些奖励将鼓舞团队士气，但不过度扭曲行为或转移原本应该关注的焦点。

◎始终留意奖励制度是否会产生意外结果——你要把奖励制度当成制作中的半成品看待，而不是完成品。

◎多关注比较性的问题——最高层的人赚到的报酬相较于最底层员工领到的薪资是否有差异。即使是小差异也会传达出企业更重视其他人的错误信号。你必须找出方法传达企业的整体绩效方案才能得到最好的结果。

如何运用财务奖励制度是意识形态和信念上的课题，其中许多信念几乎或根本就没有支持证据。薪资也是重要的课题，管理不当会导致时间和资源的消耗，给企业造成许多伤害。因此，你或许会认为，采用财务奖励改善绩效是非常倚重充分证据的领域。不过，我们却一直看见顾问、专家和执行主管带着罔顾证据的鲁莽假设和实务往前冲。但对于有足够智慧的企业管理者而言，证据和行动之间的差距，正好给他们提供机会，来检视有关薪资制度的假设并找出最适当的证据。

4. 规划与执行同样重要

商业策略一般都依赖以下两项假设。

◎每一家公司都有自己的专长业务——为了在市场成功，公司必须专注于做得最好的领域。

◎资源有限——公司没有足够的金钱、时间或注意力开拓其他领域。

做对的事情很重要，但同样重要的是，特定策略的利益来自执行，而不是规划本身。

根据可靠的证据和一般逻辑规律，在执行策略时，公司可以而且应该做到以下几点。

◎持续验证不同的想法——你的策略就会变成指引企业发展的方法，而不是阻碍新点子产生的障碍。

◎要看清问题是因为策略执行不力所导致的，还是因为策略有瑕疵——才不会走错路。尤其是当你觉得需要改变策略时，暂停一下，先评估你为目前的商业模式所制订的计划执行成效如何。

◎保持简单——秉持这个想法，你就能以一两句话说明你的策略。不能用一两句话说明白的策略，不仅易混淆，而且让人难以理解。此外，需要确认你和你的同事都认可同一策略，而不是各怀异心。

◎像经营企业一样致力于个人学习——才能回应市场的任何需求。快速改变是超越竞争对手的条件，而这需要不断学习、不断提升个人能力。

◎好策略也离不开执行细节——在极力推动重要策略时，关注细节才能不失去方向和平衡。最佳策略并非是治愈公司百病的万灵丹，每项平凡无奇的执行细节都可能影响策略的成败。

5. 企业必须定期变革，否则终将灭亡

几乎每位经理人都相信，企业必须持续进步，否则就会落后于市场。这也是半真半假的“真相”。改变和创新值得向往，但通常企业在做新的尝试时可能会失败。反过来，如果企业从来不尝试引进任何新点子、新产品或新服务，长期下来也可能会走向灭亡。

研究表明，企业在决定是否推出改革方案前，应该思考以下8个问题。

◎企业提出的新做法是否真的比现在的做法好？

◎这项改革是否值得企业付出必要的时间和金钱？

◎企业是想进行象征性的改革，还是真的需要做一些根本改革？

◎这项改革是否只对经理人有好处，但对企业长期发展有害？

◎企业是否有足够的力量推动改革？

◎员工是否已经不堪改革的重负，将改革视为再一次“一时兴起”的想法？

◎员工是否能抛弃过去的习惯做法，随着改革提升他们的技巧和能力？

◎如果改革带来严重的意外后果，企业是否能终止计划？

以上8个问题只涉及企业是否进行改革的一般认知，在以下状态下企业可以快速改变。

◎员工必须对现状彻底不满——才能对于把工作做得更好怀有真正的热忱。显而易见的是不满程度越高越好。

◎企业管理者必须对前进的新方向有清楚明确的描述——每个人都知道要把重点放在哪项工作上，才能完成必要的改革。

◎企业管理者必须完全相信改革一定会成功——否则员工无法为此竭尽全力。你必须创造一种自我实现的预言：改革绝对值得投入精力和金钱。

◎改革是一个混乱的过程——难免会有困惑和焦虑的时期。不论怎么妥善规划每个细节，还是会发生错误、失败和延宕。

企业随时在改变，当领导者谈到改革的阻力时，他们指的通常是下属没有按照领导者的期望做事。研究显示，如果企业管理者认为改革需要花很长时间，那么可能会让事情变得更糟，而且可能导致确实要花费很长时间才能完成改革。一般而言，如果改革过程具有破坏性，其过程越长，发生风险的可能性也会越大。事实上，许多公司在一两年内就能完成文化与价值的深远改变，更别提运营和管理实务的改变，而不是人们经常听说的需要5年多的时间才能完成。

6. 卓越领导者掌控他们的公司

许多人认为，企业领导者无论做什么都将决定公司的绩效表现，首席执行官和其他领导者能完全掌控企业的发展方向，他们的每项决策都会激起无数的连锁效应。因此，首席执行官理应获得非常优渥的报酬。

卓越领导者控制企业的半真半假“真相”，主要基于以下几个方面。

◎外部人士通常不太了解企业运营中所涉及的问题，所以不管有没有道理，他们都将公司的成就归功于首席执行官的贡献。

◎多数人都将集体行动的成效归因于一个人，这是简化对企业复杂性认知的捷径。

◎即使人们知道首席执行官不可能无所不能，但还是习惯把他当成企业的代表人物。

◎当某个企业表现不佳或特别优异时，人们倾向推论出这代表领导者很差或很好，而不考虑其他事实。

◎领导者有强烈动机表现出他们对整个企业具有掌控力，因为这有助于他们进行薪资待遇谈判。

◎人们一般会假设，最高管理层的选举程序

意味着最好的人才会一路过关斩将，而其他人则会在这个过程中遭到淘汰。因此，在最高层的人一定很优秀。

虽然企业的领导者没有那么全能，但他们的一举一动确实具有较大的影响力。多项研究指出，企业领导者应该遵循以下 4 项指导原则。

◎领导者必须表现出他们能掌握全局——优秀的领导者要展现自信，即使他们实现目标的能力相当有限。

◎领导者必须保持客观的态度——他们必须为正确决定接受赞扬，但也要为错误决定承担责任。当领导者不面对现实，开始认为自己不可能做错事时，麻烦就来了。有能力的领导者必须保持谦和的态度和宽广的胸怀。

◎领导者必须知道何时应该退居幕后，由其他人贡献心力——企业才能受惠于每个人的能力，而不是只局限在领导者的亲力亲为。卓越领导者深谙个中诀窍。

◎卓越领导者擅长建立制度——这将有助于加强普通职员而不是超级巨星的行动。研究表明，卓越领导者往往乐于建立制度和团队，协助其他人成功，而不只是依赖他们自己个人的努力。领导者应该是卓越的“建筑师”和“设计师”。

关键思维

策略是大事。做对的事，即使做得不完美，也比将错事做得特别好更重要。但就像许多半真半假的“真相”一样，固定不变的策略遮盖的事实可能跟彰显的部分一样多。当我们更仔细地检视时，通常会发现，即使是归功于伟大策略的企业成就，其实根本不是从策略而来。证据显示，策略规划与公司绩效之间的关系微弱得令人惊讶。因此，策略只是成功的要素之一，而且可能不是最重要的。

——杰弗里·普费弗　罗伯特·萨顿

最危险的半真半假的“真相”是与领导力有关的困惑。人们常常相信领导力是一种技能，可以靠阅读、座谈或上课学会。但事实上并没有一本书、一位顾问、一堂课或一系列课程，可以教人如何领导一个小团队，更遑论大规模的企业。领导力是一种只能通过经验学习的能力。

——杰弗里·普费弗　罗伯特·萨顿

对最优秀的人才来说，要扼杀他们真实的自我是不可能的。高明的领导者从不尝试让员工改变自己，而会让员工知道企业的目标是什么，实现这些目标的途径有哪些，然后尽可能协助员工找到自己的角色并推动企业朝目标迈进。

——杰弗里·普费弗　罗伯特·萨顿

三　用证据作管理究竟是什么意思

用证据作管理是指以事实为基础作决策，而不是依赖半真半假的“真相”，即正视企业面临的严酷事实并作出聪明决策。

如果你要用证据作管理，你必须做好以下4件事。

1. 要求出示证据

当有人提议改变时，你必须要求其出示证据，证明他所提方案对你有效，还要特别注意他用来评估结果的测量工具是否恰当。

2. 检查逻辑

当有人向你提出方案或证据时，你必须依据基本逻辑进行推论，证明其是否存在因果关系。当顾问建议你采用其他公司已经使用过的方法时，请你先停下来并审视以下问题。

◎我们视为标杆的这家公司，它的成功是直接源自我们要仿效的做法吗？

◎从策略性的商业模式和员工观点来看，我们是否处在可与之媲美的状态？

◎新的做法将如何实施？

◎对于我们公司来说，采用该做法可能有什么样的潜在不利因素？为了降低这些风险，我们现在可以做什么？

3. 进行实验

尽管其他公司的数据资料令人信服，但不一定适合你的企业。你必须养成针对每项新点子进行小规模测试的习惯，可先验证相关概念，再仔细思考计划中及预料之外的结果。

4. 持续学习

加强学习应该是持续且不间断的活动，而不只是一次性的事件。企业员工学习的知识越多，获得的决策数据和可靠证据就越多。

关键思维

用证据作管理是一趟旅程，而不是快速修补方法，一路上你会遇到阻挠和障碍。在用证据作管理之前，你必须舍弃企业目前搜集及评估商管知识的方法。

——杰弗里·普费弗　罗伯特·萨顿

四　如何用证据作管理

用证据作管理的好处来自应用，而不只是拥有这门知识，你必须付出代价去获得这种好处，然后把它当做竞争优势加以维持。

如果要成功地用证据作管理，你必须做到以下几点。

◎总是将你的企业视为未完成的原型——你必须利用你目前所有知识、尽你最大所能推动企业发展，但仍然要对企业未来保持警醒。

◎铭记“不自夸、只说事实”的箴言——你必须避免炒作的行为，忘记自夸，集中精力做好工作。

◎在尝试实施全新的构想之前，你必须先熟悉企业中无论明显还是平凡无奇的层面——在开始任何行动之前，你都暂停一下，看看是否还有尚未发现的证据，且这些证据是否能帮助你分辨事实和谎言，然后再谨慎行动。

◎以局外人的角度检视自己和企业——将膨胀的自我放在一旁。如果你能不带任何感情倾向地检视自己和企业，你就能作出更好的决策。

◎切勿忘记，权力会让你变得顽固且排斥有效的证据——你不要害怕承认自己的错误，要一直保持坦率和开放的态度。有的人晋升到掌权高位就突然变得顽固和愚笨，这种状况着实令人惊讶，别让它发生在你身上。

◎坚持多层面的讨论——不只局限在资深管理团队。让每个员工搜集非量化和量化资料，并据此进行讨论，鼓励一般职员提出想法，并设计证实或推翻想法的小实验。这是让创新构想浮现的基础条件。

◎记住，用证据作管理和其他事物一样，你仍旧必须推销它的优点——人们喜欢看起来新颖、刺激的东西。刚开始接触时，用证据作管理似乎有点乏味，所以你需要用生动有趣的方式将概念推销给人们，并随时将这些资料放在手边，当机会出现时，你就能切换成销售模式。

◎如果所有的一切都失败了，至少你减缓了不良做法的扩散——鼓励每个人在做任何事时都依据严酷的事实和可靠的证据。如果你的领导坚持选择背离正确的道路，请你忽略他的命令或延后执行他想做的事。如果你能证实领导的指示是错误的，不妨实施“以证据为基础的不当行为”，你甚至可能成功发起“基层运动”而让企业迈向正确方向。

◎不断提出一个关键的诊断式问题：人们失败了会怎么办？——如果没有遭遇短暂失败，企业也就不会有任何进步。

卓越企业的特征在于，出错时，企业会面对事实并针对教训进行讨论，然后吸取这些教训让企业在将来运转得更好。卓越的企业都能宽恕错误、牢记教训。

关键思维

用证据作管理不是一次性的修补方案，不能神奇地解决所有的问题。但你可以每天采取有效步骤，保持正确心态，持续面对严酷的事实，避免成为危险假象的牺牲品。

——杰弗里·普费弗　罗伯特·萨顿

领导者不必知道每件事，他们也没有能力这么做。他们的工作任务是让员工持续学习新事物，让员工持续发现哪些方法奏效、哪些无效，还要持续要求员工认真思考、面对严酷事实。这种领导任务不能委托给他人，至少不应该外包给他人。

——杰弗里·普费弗　罗伯特·萨顿

用证据作管理可以改变领导者的思维方式和行为方式。用证据作管理的前提是采用更理性、更深入的逻辑，在可行范围内应用事实，把工作做得更好。

——杰弗里·普费弗　罗伯特·萨顿

延伸阅读

一 好策略禁得起检验

策略的好坏决定企业的成败。但企业往往身陷坏策略的泥淖而不自知。你知道你的策略出了什么问题吗？如果不想让策略出问题，作决策时必须依据真实的资料，而不只是依赖自己的假设。

人们很容易依据自己的直觉、看法、一时的情绪作决定，即使参考资料，也倾向收集支持自己想法的资料。商业决策失误更是常见：83％的企业失败并购案是经理人赌注最高的决策；60％的坏决策是因为经理人依循了过去作出好决策的经验。如果你想作出更好的决策，在投入大量资源作决策之前，先测试一下你提出的假设，不要自以为是——要让事实说话。

我们通常很有把握成为赢家，即使只有一点

把握，也会促使我们去搜集支持它的资料，甚至篡改事实来支持我们的直觉。你要避开这些陷阱，就必须采取以下方法，实际测试你的假设。

1. 换个角度观察

实际测试假设的第一种方法，就是假设反面为真，并依据事实进行思考。如果你审慎地选择另一边，并愿意扮演魔鬼代言人，很可能因此激荡出相当有建设性的反对意见，让一些更真实的信息浮现。

换个角度观察并不需要炫耀或夸张。你真正需要做的是，提出一些试探性、让人不舒服的问题，这些问题往往遭人掩饰或忽略。

◎这项新技术有什么问题？

◎在这个提案中，你看到的最大的潜在障碍是什么？

◎如果这件事失败了，你认为问题可能出在哪里？

在你热衷于新构想时，特别是对一个新点子

充满热情时，很难去问这类问题。如果你能要求自己考虑与自己信念相反的选项，就能避免一些严重的错误。

2. 由上而下观察，由下而上检视

当你作重大决策时，应该去问问别人的意见，并纳入你的决策考量。问题是，你很可能相信自己的直觉，而不想被其他人的想法左右。解决这一潜在问题的好方法就是拉近瞧瞧、再拉远看看，或是由上而下观察、由下而上检视，并进行反复思考。

◎由上而下观察——核查新点子成功的平均概率，并以此为基准。由上而下观察的前提是你的脑子里能明确掌握事情的全貌。如果你无法自行找到足够的资料，就去请教这个领域的专家，并得到他们的整体看法。别问他们未来会如何，在找专家谈话时，你唯一需要知道的是，你的决策合理的成功概率是多少。

◎掌握全貌后，再由下而上检视——对提案

进行近距离检视并且亲自体验。针对某些特定个案搜集详细资料，虽然不一定能代表全部的情况，但却能弥补综观全貌所遗漏的资料信息。

3. 投入前先试水温

如果你真的想提升决策的品质，不妨找到切实可行的方式，对你的理论做些小测试。简单而言，就是在你一头栽进去之前，先测试一下水温。然后，你会惊讶地发现，这么简单的方法可以防止你犯许多错误。

二　好策略的来源

好策略包含一套完整的行动，这些行动不是执行细节，而是策略的力量来源。一项策略若无法区分哪些行动看起来可行，哪些真正可以立即执行，那么该策略一定存在重大的问题。

1. 把策略视为有待证明的假设

人们通常把策略视为一种有待证明的假设。实行策略可以说是一种尝试，而通过尝试了解到的可行性是非常珍贵的。策略没办法靠机器生产，不是你拉一下把手就会跑出来的。必须先设定所要尝试的范围，然后去证明策略可行或不可行。

2. 接受深刻的批评

如果你要加强自己拟定策略的能力，就要养成以下 3 种习惯。

◎不断提醒自己好策略的核心模式：诊断问题——看清眼前挑战的本质；指引方针——你所选择的整体做法；一致行动——实行指引方针必须采取的行动步骤。

◎完全从问题和解决方案的角度去思考策略，即清楚明确地界定自己要解决什么样的问题以及你的解决方案吸引力何在。不要只是想过去做了什么，而是要专心思考现在为什么要做这件事。

◎你要虚心接受最严厉的批评，并寻求其他人的见解。请他人指出错误之处以及你思考中的疏漏。如果有人愿意残酷但诚实地指出你的问题，你就要心存感激并且参考他们的建议。

3. 要有能力形成独立的判断

商业上确实存在“盲目从众”的危险现象。常常可以看到，决策者制定策略的依据不是最近的股市信息，就是其他明显不相干的外部因素。想要拟定和执行一个好的策略，你就不能在外界的喧嚣中放弃自己的判断。你必须在重要问题上形成自己的独立判断，然后拟出独特的策略，来应对眼前最大的挑战。

小动作开创大格局

Think Big Act Small

How America's Best Performing Companies Keep The Start-up Spirit Alive

原著作者简介

贾森·詹宁斯（Jason Jennings），企管顾问、作家，世界顶尖的 25 位专题演讲家之一。詹宁斯原本是媒体记者，22 岁时买下美国亚利桑纳州富雷斯塔夫的“KEOS”广播电台，成为全世界最年轻的广播电台老板。此后，他又成立了全国最大的媒体顾问公司，研发颠覆行业的管理策略。著有《以少做多》，另与人合著《以快吃慢》。

本文编译：许恬宁

主要内容

主题看板

道理很简单

每家企业都在不断追求更高的营收和利润，如同员工渴望年年加薪、投资人和股东渴望持续高涨的投资回报率。在经济形势好、竞争有限的时代，这似乎是顺理成章的事。当经济疲软、竞争白热化、消费意识提高时，企业面临的将是比以往更严峻的挑战。

为了寻找企业成功秘诀，知名企管顾问贾森·詹宁斯和他的研究团队，分析了超过10万家公司的资料，从中找出9家小型但知名的公司。这9家公司独立运作，不考虑并购，也不玩弄财务数字或其他操作技巧，却连续10年营收与获利成长超过10％。

1. 面对巨大的经营压力时，更需要保持谦卑的态度

这些公司分属不同行业：软件、餐饮、药

品、运动用品等。研究人员与每家公司的首席执行官、经理、员工、客户、合作伙伴和供应商见面，并进行相关访谈。研究人员发现，这些公司不会关起门来对销售团队发表演说，也不会上演经理人拍桌子大声疾呼的场面。这些公司没有任何高深的策略，只是奉行一句简单得令人震惊的格言：Think Big Act Small（小动作开创大格局）。

这9家公司面对巨大的经营压力时，一直像新创公司一样，保持谦逊的态度，把每位员工当成老板，并且让经理人亲力亲为，而不只是坐在企业总部不断重复过去的做法或是要弄花招。

2. 追求卓越，必须更重视基本功

这9家公司积极和顾客、供应商、员工以及股东们建立良好关系；在公司内部培养未来的领导人才；设法在短期目标及长期愿景中取得平衡。如果你想从中挖掘出有关卓越的任何秘诀，你将发现这9家公司比其他企业更重视基本功。

这9家公司所遵循的理念全部都是基本常识——然而接下来你也不得不承认，许多企业缺乏常识的程度也同样令人惊讶。

正如主要研究人员布莱恩·索隆所言："我们生活在一个有趣的年代。复杂环境让人们渴望简单、适用各种情况的概念。我们总结的这些指导原则不是学界术语，也不是思想领袖在山顶实验室中研发出来的东西。事实上，这是相当简单的概念，重要的是公司如何应用它们。尽管这9家公司的所在地、行业、政策立场或所有权模式都不相同，但都十分重视企业管理的基本功。因此，我们认为，如果想建立一个平衡发展、富有团队精神的企业，而且拥有基业长青的能力，就要运用'小动作开创大格局'这个管理理念。"

一　永远谦卑

卓越的企业领导者都很谦卑。他们不追求声名地位或让自己的成就广为人知。相反，他们忙到根本没时间理会是否得到赞誉，常常放下自我投入工作。

一般而言，快速稳定成长的企业拥有谦卑、脚踏实地的领导者。他们拥有 7 种共同的特质。

1. 视自己的首要角色为引路人

他们担负着引领企业向前发展的责任，只把自己当做引路人，而不是高高在上的领导者。他们努力工作，让企业快速稳定地成长，并让这个世界更加美好。

2. 行事透明

他们让公司每个人都能获得相关信息，这使得每个人都能专注在公司的发展目标上，而不是耗在内部的勾心斗角中。

3. 让人容易接近

他们会见每一个有好点子的人，而不是躲在助理的身后，这也让他们能够了解到最新的第一手情况。如果有需要，他们甚至会让客户和员工到家里来。

4. 热爱工作

他们热爱自己的工作，即便可以休假一整年，却仍旧长时间工作。这些人无法接受自己不工作。

5. 拥有良好的行为准则

他们有一套超越赚钱的行事准则。他们按照这个行为准则严格要求自己，而且切实做到。他们不会只把行为准则缩减成《员工手册》里没人会读的一页文字。

6. 没有时间分心注意肤浅的事

他们拥有众人皆平等的心态，不会试图制造阶级架构。事实上，这些公司的每个人都穿轻便服装，就连老板也不例外。

7. 没有豪华办公室

谦卑的领导者愿意让别人接触他们的工作空间，让自己可以和每个人互动。如此一来，这些领导者可以真正触及企业的脉动，而不是依赖经过过滤的信息。

关键思维

谦卑的领导者是否真的能让这些企业在营收与成长中获胜？答案是肯定的！如果这些企业的领导者无法保持谦卑的态度，那么这些企业就会和每年消失的成千上万家公司一样分散自己的注意力，把时间浪费在错误的优先事项上。

——贾森·詹宁斯

二　持续亲力亲为

你永远不要觉得自己是重要的人，不该在客户身上浪费时间。相反，你要抽出时间给所有想和你有生意往来的人。客户的需求一直在变，一直有新的消费潮流出现，多和客户交流也是你跟上时代的唯一办法。

亲力亲为不是让你一年抽出一两天做一线工作，而是要每天参与企业的运行。因此，你必须经常与这3种人接触。

◎你的客户——你要上一线和他们互动。第一手经验很重要，可以帮助你找出全新的、不一样的方法来创造价值。客户的很多看法是只有亲身和他们互动才能知道的。

◎你的员工——你要把他们的地位从生产机器的齿轮变成受到重视的团队成员。让员工受重视的好办法是，成立一个负责批准与背书所有的新提案或研发方案的员工咨询委员会。

◎你的供应商——把这些供应商变成合作伙伴。公开表明你支持供应商的合理利润需求，然后和他们结成工作伙伴关系。你或许可以考虑每个月开放一天，让合作伙伴那天不需要预约，就可以出现在公司并和所有人谈话，近距离沟通更容易让双方达成共识。

案例分享1　赛仕软件

赛仕软件公司研发与销售企业智慧软件，是全球最大的私人软件公司。该公司连续25年每年营收增长超过10%，2003年销售额达15.3亿美元。吉姆·古德奈是赛仕的共同创始人，也是公司首席执行官。尽管赛仕有近1万名员工，古德奈依旧以电脑工程师的身份去拜见客户，弄清楚他们的需求，然后写程序，创造出可以解决客户问题的软件。那种亲力亲为的氛围弥漫在这个公司——每个人都运用自己最好的判断力去做该做的事。

关键思维

现代科技瞬息万变。如果你死守5年计划，到了计划末期，你的产品可能已经跟不上市场潮流了。想象一下，如果我们的公司对网络或无线科技不予理会，那将会产生什么样的结果。

——吉姆·古德奈

赛仕软件公司首席执行官

如果领导者亲临公司一线，将更能发现潮流、弄懂客户真正想要的东西并据此行动，还能赢得客户、员工、供应商更多的尊重与信任。这是理所当然的事，让人惊讶的是许多领导者却没有亲力亲为，也未能建立那种他们自己也想光顾的公司。

——贾森·詹宁斯

三　制订短期目标，但要有长期视野

营收持续增长的公司不会有刻板、缺乏弹性的5年计划，这些公司把精力放在以有利润的方式执行短期目标上。同时，它们也会不断关注可能的长期发展。

刻板的长期计划可能让企业产生以下问题。

◎企业的资源可能被分配到错误的地方，最后发现那里根本不需要。

◎大家可能会太热衷于展望未来，而忽略目前企业运营中每天最重要的细节。

◎贪婪可能获胜——主管开始思考购买第二栋房子以及游艇的事，而不是关注客户。

◎一旦未来不如想象的美好，投资者和员工可能对企业失去信心。

◎企业可能难以变换航道，无法朝着更有利

润的方向前进，因为企业内部有一股强大的力量想要维持现状。

◎对于与计划不符的任何新事物，企业都难以进行理性分析，使得整个企业的灵活度下降，无法及时回应市场变化。

在高成长的公司，当下执行比想象美好的未来更重要。如果你想仿效，可以专心做好下列5件事。

◎想象伟大的成就——然后回到实际的运营。做好你今天要做的事，在投入更多运营资产前，要确保所有的资产都能发挥最大作用。此外，你不要做任何可能危及长期利益的事。

◎制订看得到的目标——努力就可以实现的实际目标。不要凭空拿出一大堆数字，漫天喊价。在设想更大的目标之前，先完成眼前的小目标。

◎继续做眼前有用的事——不断以稳定且有获利的方式成长。不要担心实际的增长率，而要充分做好眼前的事。

◎不要为了迷恋某个“神奇”的数字而追逐成长——要专注在产品品质上。永远不可以为了更快成长而忽略品质。长期而言，糟糕的品质将严重破坏你成长的能力，因此在这方面要十分小心。

◎不要让长期计划变成你的绊脚石——把你的核心事业当成长期和首要关注对象。有机会进一步探索时，可以慢慢拓展到其他领域。在科技快速变化的行业尤其要注意这点。在那样的环境中，今日看起来很有道理的事，5 年后可能无足轻重，所以别费太多心思制订 5 年计划。

案例分享 2　索尼克得来速餐厅

索尼克创始人特洛伊·史密斯于二战后退役。此后，他决定在俄克拉荷马州的肖尼镇开餐厅。他注意到镇旁有一家露天沙士小店的生意比他的餐厅好，因此他买下那家免下车的“得来速”小店。后来，查理·派普带着计划书来找他，想与他合作开 50 家露天沙士小店，两人由此结盟，并一起想出新的点餐方式：他们在每个停车位设置麦克风，顾客不用下车就可以点餐。顾客非常喜欢这种点餐方式，于是他们的生意蒸蒸日上。

开了 4 家得来速餐厅之后，他俩决定开连锁店。他们的索尼克得来速加盟模式不是预先收一笔加盟金，而是要求加盟者必须向一家指定的公司购买所有的食物包装袋。每个月那家公司会寄给史密斯和派普一张支票——每售出 1 个袋子付给他俩 1 美分。这种加盟模式大受欢迎，20 世纪 70 年代初期，索尼克已经拥有 250 家连锁店，并开启了一波高成长，仅用 6 年的时间就增加了 1000 家新连锁店。然而，这种加盟方式出现了问题，最后大约有 400 家餐厅脱离索尼克或关门。

新的管理团队接手后，制定了新的连锁协议，规定每家连锁店必须接受总部管理，统一菜单、采购、宣传，而且所有的餐厅每7年必须大翻修1次。这些新的管理方式使索尼克快速增长，每家连锁店平均每年营收达100万美元，获利达15万美元。

索尼克现在专注于每家连锁店与上一年同期相比的销售成长，而不是大幅度增加连锁店数量，更不会大到超越公司的管理能力。此外，索尼克也制订了相应的奖励方案，确保公司在成长的同时，合作伙伴与供应商会尽心尽力，让索尼克成为业界最受偏爱的公司。

关键思维

对我们来说，最重要的是增加获利，让所有的伙伴都做得更好。如果我们未能把精力放在每天做对的事情上，我们的长期扩张愿景就不能实现。

——克里夫·哈德森

索尼克得来速餐厅首席执行官

四　放弃过时的产品、服务与流程

高成长公司不会浪费时间为昨日的决策辩护，或是让昨日的当家产品在今日起死回生。它们会完全抛弃已经行不通的东西，让自己能把更多的时间、精力与资源用在真正有意义的事上。

你应该定期考虑是否要放弃下面几个过时的产品、服务与流程，以求能够更符合市场的发展潮流。

◎你的商标——如果没人喜欢那上面的图形和文字。

◎你的商品——如果你的总收益无法让你获利。

◎你做生意的传统方式——如果市场已经改变、已经往前走了。

◎你的薪资计划——如果它奖励的是营收成

长，而非获利成长。

◎流程、利润中心，甚至是传承——如果它们让你无法发挥全部的经济潜力。

◎你做生意的方式——如果出现令人耳目一新的方式。

不要费心为过去所做的选择辩护，往前走。那些决定的依据是过去手边的可得信息，代表着在过去那样的情境下，你能想出的最好点子。你要寻找现在能让你一鸣惊人的新点子。

案例分享3　Cabela's户外用品零售商

Cabela's是全美最大的户外用品直销商，每年寄出超过1.2亿份目录。1961年，迪克·卡贝拉创立了这家公司，一开始只邮购销售钓鱼用的毛钩，后来逐渐增加品种并在2004年上市。Cabela's打破传统，开设零售店辅助正在成长的邮购事业。公司最大的店开在内布拉斯加一个只有6000人口的小镇，这个小镇离所有大型都会区都有几个小时的车程。Cabela's没有把商品塞满店内的每个角落，而是别出心裁、恰如其分地摆在有大量栩栩如生野生动物模型的假山上，以及有许多鱼的水族箱里。这家零售店非常成功，目前在美国各州与加拿大各省均开设了1家专卖店。此外，公司已经制订了创新的员工奖励计划，拿出公司每年获利的15%，依据员工的绩效进行分红。

关键思维

营收不断增长的公司诠释了“小动作开创大格局”的内涵：不让昨天的明星商品、老旧哲学以及巨大的自尊阻碍他们找到、留住以及增加正确顾客的最大目标。

——贾森·詹宁斯

五　让每个人都像老板一样思考与行动

高成长公司不会把所有的思考工作都交给领导者。每个人都在动脑，都像创业者一样行动，就好像他们本人拥有公司一样。当员工像老板一样思考并行动，而不是像“指哪打哪”的佣兵时，他们会作出更好的决定，也会更努力工作。

如果想让企业里的每个人都像老板一样思考与行动，你可以做以下几件事。

◎让公司里的人渴求知识——奖励那些取得专业知识、创造价值的人。当员工看到别人因为学习新知识、创造价值而得到奖励时，他们就会努力学习、努力工作。

◎制定不可打破的规定——让每个人都清楚在创造价值时，什么是可以接受的行为，什么不是。

◎精准定义成功——在客户心中与市场上创造价值。

◎制定决策架构——由对的人依据手边对的信息，在对的时间点作出决定。不要坚持由你作每个决定。

◎提供一致的评估标准——让每个人以相同的方式定义价值，知道他们将被如何衡量与评估。

◎依据员工创造的价值，给予优渥的奖励——每隔一段时间提高标准，让每个人都能专注向前，而不是停留在原地。

◎每年让员工参与公司的市值评估——让他们了解什么会增加市值，什么会减损市值。

◎允许员工冒险并从错误中学习——如果你解雇这样的员工，以后就不会有任何员工尝试新事物。

案例分享 4　科氏工业集团

科氏工业集团成立于 1940 年。该集团一开始是炼油厂，现在年营收超过500亿美元，成为美国第二大私人公司。科氏工业集团旗下拥有超过100家企业，涉足科技、金融、商品交易、管线工程、纸浆与造纸、石油与化学工业等行业。

每年，每个科氏工业集团的下属企业都必须评估其市值，评估结果将决定哪家企业将留在科氏的大家庭或者要出售、关闭。此外，年度市值评估也是科氏工业集团发放奖金的依据。如此一来，员工得到的红利会和企业利益同步，其依据是员工创造出多少价值，而不是在公司的地位。

六 创造与再造你的事业

拥有“小动作开创大格局”理念的公司能够不断自我再造。这些公司能把从一个行业学到的专业知识用在另一个行业，打造出卓越的全新事业。为了进行原创思考，这些公司也坦然拒绝既有可行的点子。

究竟要如何才能打造出新事业，刺激营收与利润的增长？以下是几个绩效卓越的公司最常用的方法。

1. 找出把你事业里的“沥青”转变成新道路的方法

你不要做跟别人完全一样的事。例如，在其他炼油厂都加紧提炼德州轻原油（轻质低硫原油）时，科氏工业集团已拓展到重质高硫原油领域。在提炼过程中，重质高硫原油会产生更多的沥青。然而，科氏并不单纯卖掉沥青，而是成立一家道路铺设承包公司，销售改良的沥青产品，并成立一家工程设计公司监督高耐用柏油路面的铺设。这两个新事业现在每年营收超过 10 亿美元。

2. 开发崭新或另类的定价模式

你可以用每年收授权费的方式，取代一次性的销售交易。赛仕公司就用这种方式销售软件产品。它们不卖套装软件，而是授权客户使用软件，每年收取年费。这种模式促使公司不断研发新软件，不断给客户提供优质的服务。

3. 找出让客户觉得你卖的东西非常特别的方法

人们对于他们喜爱的优质又与众不同的产品，总是愿意多付一点钱。

4. 检视你事业核心中最小的营收单位

你要找出方法，让你事业核心中最小的营收单位凭借自己的努力成为羽翼丰满的公司。

5. 检视业界供应链的流程

你要找出如何让市场更加简化、更加有秩序的方法。

6. 用圈外人的眼光思考

假装你完全不懂自己的事业，要多去聆听客户、合作伙伴、供应商以及市场可能提供的新点子，看看这种从零开始的思考是否会让你看到某些明显需要改造的商机。

案例分享 5　DotFoods

1960 年，罗伯特与桃乐西·崔西夫妇决定创办自己的公司，当时他们已有 7 个孩子。他们抵押房子贷款，在自己家中开了一家店，并开始卖奶粉。这家店用桃乐西的昵称命名为“DotFoods”。到了 1980 年，该店年营收已高达 6000 万美元。

他们的孩子派特·崔西大学毕业进入公司工作后发现，DotFoods 的客户正在逐渐流失，这些流失的客户被更大型的公司吸引走了。他提议

DotFoods 应该以更大手笔进军食品服务业，充任食品制造商与经销商之间的中间商，大量采购、储存食物，然后每周派送，让食品制造商与经销商两方都能得到好处。于是，崔西家族以公司资产作抵押向银行借来 400 万美元，投资这个新点子。

一开始的时候，他们很难向食品制造商推销这个点子，因为食品制造商一向以较大量、较缺乏弹性的方式，直接向餐饮服务经销商销售产品。但当食品制造商发现 DotFoods 的商业模式可以简化物流而他们不必处理那么多业务时，就喜欢上这个点子了。食品经销商则是从开始就喜欢这个点子，因为这种方法可以降低仓储需求，减少运营资本，降低最低订购门槛，订货到交货只需几天时间，而不用花好几周时间等食品制造商送货。

崔西家一共生了 12 个孩子，只有 1 个女儿没进公司，其他孩子都是公司的销售员，他们到处送货，寻找新客户，并开发出了更多食品。

DotFoods现有员工2000多人。公司每年营收超过20亿美元，其总部依旧在伊利诺伊州只有2000人口的斯特灵山镇。从公司的发展史来看，该公司每年会增加25～30家食品制造商新客户，150～200家食品经销商新客户，每4～5年营收就会翻倍。派特·崔西计划让公司以两位数的速度继续成长。

关键思维

拥有“小动作开创大格局”理念的公司能够不断寻找创新方式，颠覆传统观念。它们梦想以新方式创造价值，让手边每项资源都能发挥最大的效益。

——贾森·詹宁斯

如果我们只做原来的生意，我们公司今天就不会站在这里。

——派特·崔西

DotFoods公司首席执行官

七　打造双赢的客户解决方案

高成长公司不会把销售视为敌对的竞赛。这些公司会真正满足客户的实际需求，打造出合理的双赢解决方案。创造一个大家共赢的环境是让事业成长的好方式。

如果要增加双赢的可能性，公司就要做好以下几点。

◎建立长期的“不”原则——没有人可以对客户说“不”，除非高层领导者同意而且要向客户解释原因。

◎为不同产品线培养不同的销售人员——让你的销售人员成为熟练解决问题的人，而不只是接订单的人。

◎永远不要降低销售人员的奖金比例——当他们给公司带来利润时，要付给他们优渥的酬劳。公司要依据获利发放奖金，不要只依据获得的营收。如果你的销售人员赚的钱比首席执行官还多，那对公司来说是好事。

◎为每个人设立年度毛利总额——把他们酬劳的20%和每年这项目标的完成成果绑在一起。

◎每次作决定时，问一问："这对每个人来说都是双赢吗?"若答案是否定的，便继续寻找更好的、让双方互惠的方法。

◎拥有远大梦想，但只跟亲密的知己分享那些梦想。

案例分享6　美联实业

美联实业创建于1910年，一开始只是靠夫妇二人缝制制服赚钱，现在美联实业年营收达19亿美元。该公司有一条特殊的规则：只有资深管理人员可以拒绝客户，公司其他人都得依客户要求行事。此外，美联实业拥有高度的创业家文化。该公司进行许多小额投资，尝试各式各样的创意构想，但不做任何"倾家荡产"式的大投资。美联实业还让其所属公司在市场上彼此竞争，并鼓励这些公司从既有客户身上得到成长的点子。

关键思维

找出潜在客户真正的需求，然后为其提供量身定做的方案，而且这个方案必须以有利可图的方式满足各方需求。

——贾森·詹宁斯

八　刻意挑选你要对付的竞争对手

卓越的公司不会试图取悦所有人，反而会缩小关注范围，让自己在某个引发市场共鸣的事情上成为佼佼者，即谨慎、刻意选择市场空间，挑选竞争对手，然后全力以赴。

在进入新的行业之前，你先停下来，找出谁已经拥有最多客户，他们的获利能力如何以及怎样才能改进他们已经在做的事。如果这些业界老手同时具有竞争优势和财务资源，那么他们可以打垮任何市场新手。在你往前冲之前，你要非常仔细地想清楚每件事。

确切地说，你应该在市场上找一个位置，做你热爱且想要胜出的事。找出真正让客户惊艳的产品或服务，要有获利，也要能永续经营。

每个行业都会有试图削价竞争的对手，你必

须事先想到这件事。预先找出你可以做什么来抵挡价格攻击，而不必牺牲自己的利润。

事先决定你不想做什么和你想要做什么往往同样重要。找出你特有的细分市场，然后用热情与天分发挥你的专长。你要克制想跟全天下每一个人竞争的冲动。

案例分享 7　PETCO 宠物用品公司

PETCO 公司是市值 20 亿美元的顶级宠物食品、用品与服务零售商，全美有近 700 家分店，每一家都有 1 万件以上与宠物相关的产品。虽然 PETCO 成立于 20 世纪 40 年代，但一直到 1990 年布莱恩·迪范被聘为首席执行官之后，公司才真正起飞。迪范接下这家当时有 30 家连锁店的公司之后，迅速打造新品牌，整合业务系统与流程，给宠物主人提供惊艳的消费体验。此外，迪范还仔细研究市场，他认为直接和大型零售商硬碰硬地竞争是一条绝路，因此他决定 PETCO 的市场定位是销售中高档宠物产品，满足想要宠爱自家宠物、而不是将就买最便宜产品的宠物主人。

关键思维

从一开始，我就告诉我们的顾客，如果大卖场沃尔玛有你想买的商品，就不要在我们这里买，要不然我们看起来很蠢。

——布莱恩·迪范

PETCO 公司首席执行官

九 打造并壮大你的员工群、顾客群及粉丝团

卓越公司都拥有乐意帮助其成长的社群。社群为人们提供成就感以及非常珍贵的互动，这在现代社会特别重要。这些公司在社群里分享成功的经验，并让他人帮助其往前走。

人需要归属感，当他们觉得自己属于某个有趣、杰出的群体时，他们会更快乐，甚至更健康。此外，可以预期的是，人们越快乐或是归属感越强，他们越有消费意愿。总而言之，纯粹从商业角度来看，建立员工群与顾客群是非常有价值的事。

1. 卓越的公司都有活跃的社群

◎Cabela's 公司的商品十分吸引打猎与钓鱼爱好者。该公司也刻意打造店铺，让人们走进来时会想：噢，这就是我想待的地方。这些人知道

我要什么。

◎DotFoods公司的总部依旧设在伊利诺伊州的斯特灵山镇。尽管这个小镇只有2000名居民，DotFoods公司依然慷慨捐钱资助并兴建新的基督教青年协会办公楼，还在镇上修建了学习中心，而且想办法让合作伙伴及供应商造访公司时，一定住在镇上的旅馆。DotFoods甚至把公司的存款，分散给所有在斯特灵山镇设点的银行。

◎赛仕软件公司员工每年的离职率大约是5％，业界平均水平则为16％至25％，然而赛仕的薪水并没有比业界平均水平高。此外，公司鼓励员工1周仅工作35个小时，让他们有时间从事社交活动。赛仕还在园区给员工提供有钢琴师弹琴的自助餐厅、优质的托儿中心、大型健身中心以及免费的医疗中心。

◎索尼克得来速公司一直在努力建立包括供应商与合作伙伴在内的社群，公司所有的会议以及旅游都会邀请他们。此外，索尼克得来速也让每位餐厅经理都有机会买下自己的连锁店。为了激发员工的工作热情，每年公司都会举办内部运动竞赛，其中一部分是体育竞赛，一部分是工作培训。来自不同餐厅的员工会角逐进入区域与准半决赛的机会。前 12 名到拉斯维加斯等城市进行两天的激烈竞赛，看谁可以胜出。那是公司非常盛大的活动，而且对参加的员工而言，通常是一生一次的体验。整个活动最后是盛大的颁奖仪式，每个人都有机会穿着自己的队服上台。合作伙伴和供应商也会受邀参加这些活动，这进一步加强了索尼克得来速的社群联结。

2. 建立社群要注意以下几点

◎你要知道你的客户与员工都迫切地需要归属感。

◎你要找出你自然而然会有的那些社群，想出实际的办法强化与认可这些社群。你可以制订忠诚计划或是其他类似方案。

◎你要寻找可以拉进你的社群的团体，并细

化壮大社群的具体方案。

◎你要让建立社群成为优先要务。对企业而言，社群建设和营收成长同样重要。

案例分享 8　斯特雷教育公司

斯特雷教育公司成立于 1892 年，现在每年大约有 2 万名在职成人在此学习。该公司有 32 座校园以及网络学校。

斯特雷教育公司专注于在职成人教育，因此只提供晚间课程。该公司的教员在其他学校有全职的教学工作，或在其他公司上班，晚上则在斯特雷教书，一年赚 6 万至 8 万美元。斯特雷大学在会计、企管、电脑科学、教育、健康服务管理等专业拥有授予学位的资格。

斯特雷有几个活跃、联系紧密的社群：学生、教员、校友以及股东群。每一个社群都有共同的特质：想让事业更上一层楼的强烈欲望，以及斯特雷有能力提供高品质教育的信念等。

关键思维

我们越往下挖掘，就越确信我们所研究的公司有一个共同的重要竞争优势：建立由员工、顾客等组成的社群，并让这个社群不断成长。这是一种强而有力的做法，有的公司甚至没有充分意识到自己利用了这个竞争优势，并帮助自己实现了卓越的财务目标。如果其他公司也能驾驭这个方法，它们将能让自己的竞争条件增加一个极有威力的砝码。

——贾森·詹宁斯

十　依赖自家培养的人才，而不是奇迹大师

卓越公司不需要聘请外来的首席执行官或其他销售奇才，而会在公司内部培养自己的未来领导者。这样做能确保企业的价值观延续下去，并让每个员工都能有为公司的未来不懈努力的强烈决心。

培养人才永远是成功企业的要务。你必须依赖自家培养的人才，而不是期待某个奇迹大师会加入你的企业并调整企业的发展方向。那么，你要如何培养企业的未来领导者呢？

◎消弭隔阂，即消除企业中所有言行不一的地方。如果你认为人才对你们的未来很重要，就要用行动来证明你说的话并展现你的诚意。

◎找出未来领导者需要什么资质，并且找出有多少人真心打算未来还想待在你的企业。或许

你可以用匿名方式调查员工的真实意愿，以便掌握目前的状况。

◎给未来的企业领导者提供有价值、实用的训练，特别是企业中的关键人物。你一定要让未来的领导者深入地了解：什么东西对你的事业来说是绝对不可或缺的。

◎经验表明，想成为企业领导者的人至少要有一半时间和客户面对面。因此，要让他们详细了解客户的真实问题。

◎主管的薪酬制度要适当。如此一来，下一代领导者才不会继承资本已经被榨干的事业。

◎确保未来领导者符合你的企业文化，以免出现问题，即使那些候选人的能力很强，他们也要认同你的企业文化。

◎允许员工提前3年以上就预告离职意图，让新人有时间和他们将要取代的人一起工作，熟悉业务。甚至可以让要离职的人指定自己的继任者，制订有意义的训练计划，让继任者准备好承担新任务。

◎异花授粉，即让人们到多个部门工作，增加他们的责任，鼓励小小的冒险。此外，下一代领导者在公司多个部门工作过，也会拓宽他们的视野。未来领导者获得更多业务方面的知识，将会增加他们的自信，这些明日的领导者可能更愿意采取团队方式来解决问题。领导者和企业里其他人每天并肩工作、互相交流，他们能更清楚地了解哪些人可以做些什么。

案例分享 9　奥莱利汽车公司

密苏里州斯普林菲尔德一家汽车零件供应店的老板要求 72 岁的经理查尔斯·F·奥莱利退休时，奥莱利决定自己开店和老东家竞争。他找到投资人，开了一家店并开始销售汽车修理工具、专业服务设备以及配件。1957 年，奥莱利汽车公司从一家小店开始起步，现在已经有 1200 家分店，每年销售额近 15 亿美元。在最近的 10 年里，公司的利润平均每年增长超过 30%。

奥莱利公司一直到1978年才和大众消费者做生意，此前奥莱利的生意对象只有修车厂、加油站、汽车代理商和修理工。许多拥有与经营这些生意的人退休时，奥莱利公司会以不错的价格向他们买下手中的店，并改造成奥莱利分店。

奥莱利汽车公司在1993年上市，但公司文化没有太大变化，依旧稳稳地根植于以下理念。

◎以身作则，说到做到。

◎拥有强健的运营模式与文化取向。

◎每件事都是团队的功劳。

◎让每个人都能获取相关信息并让表现优异的员工获得奖励。

◎研究他人做对哪些事并且加以改造应用。

◎让员工长期留下来。

◎让每个人找出并训练自己的继任者。

◎永远做对的事。

奥莱利公司持续成长，每年增加100多家分店。对奥莱利公司而言，招募与训练适当的人是一项挑战，让制度与基础设施准备就绪并容纳成长也是一项挑战。

关键思维

我们的未来领导者是自己培养的人，他们有公司运营的知识和充足的常识，并且对我们的文化有强烈的信心。

——戴维·奥莱利

奥莱利汽车公司首席执行官